LUIZ FERNANDO CINTRA

POR QUE MORTIFICAR-SE?

O valor do sacrifício

3ª edição

Conheça nossos clubes

Conheça nosso site

@editoraquadrante
@editoraquadrante
@quadranteeditora
Quadrante

QUADRANTE

São Paulo
2024

Copyright © 2009 Quadrante Editora

Capa
Provazi Design

Dados Internacionais de Catalogação na Publicação (CIP)

Cintra, Luiz Fernando
  Por que mortificar-se? : o valor do sacrifício / Luiz Fernando
Cintra — 3ª ed. — São Paulo: Quadrante, 2024.

  ISBN: 978-85-7465-605-2

  1. Igreja Católica 2. Sacrifício - Aspectos religiosos 3. Vida
cristã 4. Vida espiritual I. Título

                                                        CDD-248.4

Índice para catálogo sistemático:
1. Mortificação : Vida espiritual : Prática cristã 248.4
2. Sacrifício : Vida espiritual : Prática cristã 248.4

Todos os direitos reservados a
QUADRANTE EDITORA
Rua Bernardo da Veiga, 47 - Tel.: 3873-2270
CEP 01252-020 - São Paulo - SP
www.quadrante.com.br / atendimento@quadrante.com.br

SUMÁRIO

INTRODUÇÃO 5

A PALAVRA E O CONCEITO
«MORTIFICAÇÃO» 7

O HORROR AO SACRIFÍCIO NO MUNDO
MODERNO 11

POR QUE MORTIFICAR-SE? 23

A RESISTÊNCIA AO SACRIFÍCIO 57

MORTIFICAÇÃO ATIVA E PASSIVA 69

MORTIFICAÇÃO DO CORPO E DA ALMA 89

MORTIFICAÇÃO, LIBERDADE E ALEGRIA 147

INTRODUÇÃO

A primeira vez que ouvi falar de «mortificação» foi num retiro espiritual. Era então um jovem estudante do ensino médio. Para entender o que significava aquela misteriosa palavra, aconselharam-me a ler um capítulo do livro *Caminho*, de Josemaria Escrivá, que tinha exatamente esse título, e aos poucos fui tendo uma ideia aproximativa. Mortificação é *sacrifício*: coisa custosa que um cristão aceita ou faz por Deus.

Naquela altura, eu nunca poderia pensar que um dia ousaria escrever algo sobre este tema. Mas se já naqueles tempos, um tanto longínquos, um jovem não sabia o que a palavra significava, o que dizer dos nossos dias? O vocábulo tornou-se um enigma e o conceito uma quimera. Quando não objeto de repulsa.

Por isso, parece necessário compreender o seu autêntico sentido e o valor insubstituível que tem para os que desejam tomar a sério a sua vocação de cristãos.

A PALAVRA E O CONCEITO «MORTIFICAÇÃO»

Em parte, a estranheza e a rejeição que a palavra mortificação provoca vem da sua própria sonoridade, derivada da raiz de que procede. Lembra a morte e, como dizia alguém, a ideia da morte é uma ideia proibida na nossa época. Hoje em dia, ninguém teria a ousadia de fazer um samba com a letra: *«Quando eu morrer, não quero choro nem vela, quero uma fita amarela...»*

— Quando eu morrer? Nem pense nessas coisas, dá azar; vire essa boca para lá...

Com esse autêntico pavor diante do tema da *morte*, é lógico que a palavra *mortificação* não agrade aos nossos delicados ouvidos. Mas há uma ligação radical — etimológica — entre as duas. A morte não é o fim de tudo, mas o começo de uma vida sem fim; e a mortificação é o começo desse começo, porque prepara e de algum modo antecipa essa vida sem fim nesta vida que tem fim. O grande São Paulo, que amava mais a verdade do que o «politicamente correto», tinha essa palavra em altíssima consideração: *Estais mortos e a vossa vida está escondida com Cristo em Deus* (Cl 3, 3).

Todos nos sentimos muito apegados à vida — e é bom que seja assim —, mas se a vida que queremos viver é a de Cristo, então é preciso que morramos com Ele: *Palavra digna de fé: se morrermos com Ele, também com Ele viveremos* (2 Tm 2, 11-12).

Trata-se de trocar a vida que morre pela vida que não morre, de morrer para o homem caduco, para o pecado, para o que há de ruim em nós: *Se viverdes segundo a carne, morrereis; se, porém, com o espírito mortificardes as obras da carne, vivereis* (Rm 8, 13) E não se pense que o conceito paulino de «*carne*» (*sarx*) diz respeito apenas ao sexo desordenado. Refere-se acima de tudo à inclinação para o comodismo, para o orgulho, para a inveja e o ódio, para a ânsia de posse e o consumismo sem freio. Essas são, entre outras, as «obras da carne» para as quais é necessário morrer, se queremos viver segundo o espírito: *Trazendo sempre no corpo os traços da morte de Cristo, para que também a vida de Jesus se manifeste em nossos corpos* (2 Cor 4, 10).

Digamos desde já: o cristão não encara o espírito de sacrifício, a mortificação, como um fim, mas como meio para que *se manifeste em nós a vida de Jesus*. Por isso, não é um caminho de tristeza, mas de alegria.

O HORROR AO SACRIFÍCIO NO MUNDO MODERNO

A cultura do prazer

A mãe estava contando ao filho pequeno que houve uma época em que a televisão não tinha controle remoto.

— E como é que a gente fazia para mudar de canal?

— Você levantava-se do sofá, ia até a televisão e girava um botão.

— Todas as vezes?!

— É, todas as vezes que você queria mudar de canal.

— Então, cada vez que você ia escolher entre os cem canais da TV a cabo, tinha que levantar-se do sofá?

— É que naquela época não havia tantos canais, mas só uns quatro ou cinco.

E o garoto concluiu com um certo ar de compaixão:

— É, viver naquela época devia ser difícil!...

Temos que agradecer o controle remoto, a escada rolante, o celular, a direção hidráulica, o micro-ondas, os *notebooks*, os celulares que também tiram fotografias e tocam música digital, as anestesias no dentista e tantas coisas mais que nos facilitam a vida e a tornam mais agradável. Mas tantos modos de evitar o sacrifício, e outros muitos que se vão inventando cada dia, podem fazer com que tenhamos um crescente «horror ao sacrifício».

O que custa para o homem ou a mulher de hoje já custava há muitos e muitos séculos (se há alguma dúvida sobre isso, basta ler *As confissões* de Santo Agostinho e ver como os obstáculos que o santo encontrava, dentro de si e no ambiente, para romper com o passado e iniciar uma vida nova em Cristo eram semelhantes aos atuais). Mas parece que o que sempre custou, agora custa mais. Ou ainda mais: tornou-se um absurdo, algo inaceitável para uma época tão evoluída como a nossa.

«A cultura difundida pela publicidade e pela mídia em geral não cessa de nos propor o seu *evangelho*: "Tome como regra de vida fugir da dor a todo o custo e buscar somente o prazer". Ela esquece-se de dizer que não há meio mais seguro de se tornar infeliz que adotar essa conduta. Não quero fazer a apologia do sofrimento: precisamos aliviá-lo tanto quanto possível. Mas faz parte da vida. Querer eliminá-lo completamente é suprimir a própria vida. Recusar-se a sofrer é recusar-se a viver e, no fim, recusar aquilo que a vida nos pode dar de belo e de bom: *Quem quiser salvar a sua vida, perdê-la-á, mas quem aceitar perdê-la, salvá-la-á*, diz-nos Jesus no seu Evangelho, incomparavelmente mais digno de confiança que o "evangelho" da publicidade»[1].

Ou, como dizia o papa Paulo VI: «O que seria de um Evangelho, de um cristianismo sem Cruz, sem dor, sem o sacrifício da dor? Seria um Evangelho, um cristianismo sem Redenção, sem Salvação, da qual no entanto — devemos reconhecê-lo com plena sinceridade — temos necessidade absoluta»[2].

Um cristianismo do qual se pretendesse arrancar a cruz da mortificação voluntária e da penitência, sob o pretexto de que essas práticas seriam hoje «resíduos obscurantistas», «medievalismos» impróprios de uma época humanista, esse cristianismo desvirtuado, de cristianismo teria apenas o nome; não conservaria a

---

(1) Jacques Phillipe, *A liberdade interior*, 2ª ed., Shalom, Fortaleza, 2003, pág. 41.

(2) Paulo VI, *Alocução*, 24.03.1967.

doutrina do Evangelho nem serviria para dirigir os passos dos homens em seguimento de Cristo.

A cultura do prazer, no entanto, instaurou-se de forma sólida em praticamente todas as faixas sociais e etárias. A perda do sentido da transitoriedade da vida — de que *não temos aqui morada permanente* (Hb 13, 14) — leva a uma busca sôfrega do prazer e a uma fuga desabalada de tudo o que suponha custo ou sacrifício. Mas essa busca de prazer epidérmico acaba gerando uma falta de sentido para a vida; a realização limita-se ao momento presente, virando as costas ao definitivo: a salvação eterna.

Salvação terrena ou salvação eterna?

Assombra observar como certas religiões pentecostais ou «evangélicas» que surgem como cogumelos por toda a parte, na realidade têm muito pouco de religião. Basta ouvir meia hora de «pregação» do suposto pastor para perceber que se trata apenas de um tipo de autoajuda para suportar melhor esta vida. Cita-se muito o nome de Jesus e palavras da Escritura, promete-se conseguir emprego, curar da catarata ou do lumbago, tirar o filho das drogas, comprar um carro novo ou pagar as dívidas do cartão de crédito..., mas fala-se muito pouco, ou absolutamente nada, da vida eterna. Porque não se trata realmente de buscar a *salvação eterna*, mas de buscar a *salvação terrena*. É uma falsa religião bem ao gosto dos nossos tempos.

Porque se fossem falar de salvação eterna, teriam que falar de sacrifício, de aceitar serenamente uma doença incurável, de que não é nenhuma desgraça não ter um carro como o do vizinho, de que não é à base de atos supersticiosos que se saldará a dívida com o banco... Mas essa proposta talvez não enchesse os templos e nem as sacolas dos «dízimos».

Instrumentaliza-se a fé e com isso não se enfrenta uma questão que aflige especialmente o coração do homem moderno, como se fosse um enigma sem resposta possível: *Por que Deus deixa que o homem sofra? Será que Ele quer que soframos?*

Talvez sirva como pista para responder a essa questão, que sempre guarda algo de mistério, o que contam as biografias de Santa Teresa de Ávila. Teresa foi agraciada com muitas aparições de Jesus Cristo, que falava com ela e lhe dava indicações. Por outro lado, tinha inúmeros problemas de saúde e às vezes custava-lhe muito comer. Um dia, Cristo apareceu-lhe e, partindo o pão que ela tinha sobre a mesa, deu-lho na boca enquanto dizia: «Come, filha, e passa como puderes. Pesa-me o que padeces, mas isto te convém agora»[3]. É muito significativo que Cristo lhe dissesse: «*Pesa-me o que padeces*», mostrando que não se alegrava com o sofrimento de Teresa. No entanto, sendo Deus e, portanto, onipotente, não lhe tirou a doença, porque «*te convém*

---

(3) Santa Teresa de Ávila, *Relações espirituais*, XXVI.

agora». Claro que permanece misterioso o motivo pelo qual convém, mas já é fonte de paz e de coragem saber que há um motivo, que esse sacrifício não é um absurdo inútil, porque traz consigo um bem, embora não saibamos qual.

Dizia uma alma santa: «Este paganismo contemporâneo caracteriza-se pela busca do bem-estar material a qualquer custo, e pelo correspondente esquecimento — melhor seria dizer medo, autêntico pavor — de tudo o que possa causar sofrimento. Com esta perspectiva, palavras como Deus, pecado, cruz, mortificação, vida eterna... acabam por ser incompreensíveis para um grande número de pessoas, que desconhecem o seu significado e sentido»[4].

Aos olhos de muitos, a mortificação pode não passar de loucura ou insensatez, de um resíduo de outras épocas que

---

(4) Álvaro del Portillo, *Carta pastoral*, 25.12.1985, n. 4; cit. em F.F. Carvajal, *Falar com Deus*, vol. 4, Quadrante, São Paulo, 1995, p. 415.

não combina com os avanços e o nível cultural do nosso tempo; como também pode ser pedra de escândalo para aqueles que vivem esquecidos de Deus. Mas nenhuma dessas atitudes deve surpreender-nos: São Paulo escrevia que a cruz é *escândalo para os judeus, loucura para os gentios* (1 Cor 1, 23). E mesmo os cristãos, na medida em que perdem o sentido supra-terreno das suas vidas, não conseguem entender que só possamos seguir o Senhor através de uma vida de sacrifício, junto da sua Cruz.

Os propagadores do novo paganismo encontraram um aliado eficaz nas *diversões de massa*, que exercem uma grande influência no ânimo dos espectadores. Nos últimos anos, têm proliferado cada vez mais esses espetáculos que, sob os mais diversos pretextos ou sem pretexto algum, fomentam um estado interior de impureza que indispõe a alma para qualquer sacrifício, que cria um clima interior egoísta e leva à busca ansiosa do que afaga os sentidos, do que brilha, satisfaz... e passa. A uma alma que vivesse nesse clima, ser-lhe-ia impossível entender o cristianismo.

Como é estreita a porta e apertada a senda que leva à vida, e quão poucos são os que acertam com ela! (Mt 7, 14) Estas palavras que lemos no Evangelho devem fazer-nos pensar. Cristo não fez promessas fáceis, como as de um político em véspera de eleição, ou de um pregador com voz exaltada numa rádio. Ele avisou que o caminho era exigente e sacrificado. Porque o prêmio vale a pena!

Muitos dos que se escandalizam quando ouvem falar de sacrifício não percebem que, hoje em dia, são cada vez mais numerosas as pessoas que, movidas pela vaidade ou pela superficialidade, são capazes de submeter o corpo a quaisquer tipos de renúncia para assegurar um padrão de beleza: jejuns alimentares estritíssimos para emagrecer; penosas operações plásticas para melhorar o visual; perfuração de partes do corpo (nariz, pálpebras, orelhas, língua, etc.) para introduzir *piercings*; trabalhosos processos de tatuagem... E isso, sem falar das academias, onde algumas pessoas exigem do corpo exercícios até à exaustão para modelar os músculos e exibi-los nas praias ou festinhas.

Este nosso mundo, que oferece tantos meios de conforto e de fugir do que é custoso, ao mesmo tempo inventa cada dia novos «meios de tortura» que têm como finalidade o bem-estar, a beleza estética ou mais anos de «vida com qualidade». Percebe-se que a questão não é principalmente do sacrifício em si, mas do *motivo* pelo qual se faz o sacrifício. Se dormir sobre uma prancha de madeira for um conselho médico para a coluna, tudo bem; se for para oferecer a Deus um ato de penitência, é inaceitável. Se o jejum for para perder um quilo por semana, é algo lógico; se for como o de Gandhi, para pressionar as autoridades e arrancar delas a independência da Índia, é algo louvável; mas se for para pedir perdão dos pecados na Quarta-Feira de Cinzas, é algo incompreensível e ultrapassado... É como se Deus merecesse menos que o nosso corpo, ou que a nossa aparência, ou que outras finalidades meramente humanas. E Deus merece muito mais!

Mas ainda poderia argumentar-se que, quando se trata de correr para cuidar da saúde, ou de gastar horas tratando o cabelo para cuidar da beleza, a relação custo-benefício fica clara: faz-se um sacrifício porque se vê claramente o proveito. Mas no caso do sacrifício oferecido a Deus, parece que ninguém sai ganhando: nem nós, porque só nos contraria e custa; nem Deus, porque tudo o que lhe possamos oferecer não lhe acrescenta nada...

Para perceber que semelhante raciocínio é falso, vejamos um pouco mais em detalhe os motivos que há para compreendermos com os olhos da fé a importância e a necessidade do sacrifício.

POR QUE MORTIFICAR-SE?

Quando vamos a um restaurante e chega a hora da conta, os olhos vão logo para o total. Se for abaixo do que esperávamos, ficamos contentes e puxamos do cartão de crédito. Se, pelo contrário, for «salgado», queremos saber a razão e repassamos cada item da conta. Quando alguma coisa dói nesse sensível «órgão do corpo» que é o bolso — ou em qualquer outro órgão, diga-se de passagem —, perguntamos imediatamente: «Por quê?»

O sofrimento, o custo, a dor, levam logo à busca da sua causa, porque contrariam a nossa tendência para o agradável, o fácil, o que brilha e enaltece. Que razão há para aceitá-los e mesmo vê-los como valores positivos que se devem procurar?

Não são poucos os que ficam perplexos ao indagar-se sobre esta questão. Não encontram sentido nenhum para o sacrifício. Acham a conta muito alta e não veem nela nenhuma lógica. E então põem-se a esbravejar contra o «Dono» do restaurante, que é Deus; ou desejariam ser estudantes de Direito no «dia da pendura» para sair da mesa sem pagar a conta a ninguém.

Ora, se não houver sentido para o sacrifício, a existência torna-se simplesmente absurda. Nos primeiros anos de vida, enquanto se «curte» a juventude, tudo parece ser um «cheguei, vi e venci». Mas, com o passar do tempo, as responsabilidades, as dificuldades, as doenças, as preocupações econômicas e tantas outras coisas que é necessário encarar de frente se se quer ultrapassá-las, exigem que se lhes dê uma resposta — e uma resposta bem clara.

Isto que é verdade para qualquer ser humano, ganha horizontes insuspeitados e belíssimos para um cristão coerente com a fé que professa.

Identificar-se com Cristo

Não é difícil que queiramos ter Cristo como nosso supremo modelo, como o referencial para as nossas decisões e obras. Só que não podemos esquecer que seguir Cristo é segui-lo também na sua Cruz: *Se alguém quiser vir após mim, negue-se a si mesmo, tome a sua cruz de cada dia e siga-me* (Lc 9, 23). A proposta de Cristo é clara e transparente: segui-lo exige não só acompanhá-lo nos momentos gozosos e luminosos da sua existência entre os homens, mas avançar com Ele até à aceitação do sacrifício.

Há alguns que parecem satisfazer-se contemplando Jesus quando caminha sobre as águas e faz milagres portentosos, quando se mostra um grande pedagogo usando imagens cativantes nas parábolas, quando reúne amavelmente as crianças à sua volta..., mas esquecem que é o mesmo que aparece injusta e impiedosamente crucificado. Querer apagar esse traço da figura de Cristo é desfigurá-la totalmente.

Quando se leem atentamente os Evangelhos, percebe-se algo inegável: Cristo *desejava* a cruz. Na sua última viagem a Jerusalém, caminhava *apressadamente*, sabendo o destino cruento que o aguardava. Não se esquivou nem protelou o desfecho. Por quê? Porque *desejava* resgatar a humanidade, reconciliá-la com Deus ao preço do seu sangue.

Há aqui um mistério: o Filho de Deus, o Verbo feito carne, podia ter encontrado mil outras formas de pagar o preço dessa reconciliação: teria bastado um simples levantar de olhos para o Pai. No entanto, a esse gesto, que teria sido suficiente para reparar uma ofensa infinita, poderia dizer-se, se é permitido falar assim, que teria faltado alguma coisa, porque, embora fosse um gesto do próprio Deus encarnado, não incluiria a plena expressão da condição humana, que inclui o sofrimento, como acabamos de ver. Cristo quis dar uma prova insofismável de que, oferecendo-se ao sacrifício em nome dos homens, era em nome da *totalidade* da condição humana que o fazia.

Se és o Filho de Deus, desce da cruz!, diziam os que passavam, meneando a cabeça (Mt 27, 39). E Ele não desceu. Morreu o Deus-homem, em representação e em *pleno* lugar dos homens.

Esta identificação absoluta de Cristo com a condição da natureza humana, à exceção do pecado, não estava a pedir, em contrapartida, a identificação *plena* dos homens com Cristo? Tanto nos momentos felizes como nos amargos e dolorosos. Só assim o cristão encontrará Cristo sempre ao seu lado: Cristo que ama a vida e Cristo que se dispõe a perdê-la; Cristo alegre e Cristo que sofre e se cansa; Cristo que come e bebe em casa de ricos e Cristo que não tem onde reclinar a cabeça; Cristo que ressuscita mortos e não se salva a si mesmo da morte. De Cristo aprendeu Paulo a viver quer na abundância quer na escassez, a ser acolhido e a ser rejeitado, denunciado, açoitado e por fim decapitado: *Vivo eu, mas não sou eu que vivo; é Cristo que vive em mim* (cf. Gl 2, 20). Sendo assim, poderemos queixar-nos do sacrifício, não entender o seu porquê, recalcitrar, fugir? Compreenderemos que o sacrifício, a dureza da vida, deixou de ser uma fatalidade, para ser um valor que nos assemelha a Jesus Cristo e nos introduz na família de Deus?

Retribuir o seu amor

Na paixão e morte de Cristo há ainda um outro mistério igualmente insondável: o do amor de Deus pelos homens. *Ninguém tem maior amor que aquele que dá a vida pelos seus amigos*, disse Jesus (Jo 15, 13). Talvez outra forma de Ele se oferecer em resgate pelo gênero humano pudesse deixar-nos em dúvida sobre até onde ia o seu amor por nós.

Por desgraça, sabemos nos nossos dias o que se passa com um sequestro e como os familiares do sequestrado, urgidos pelo amor que lhe têm, movem céus e terra para pagar o resgate. Mas chegarão eles ao extremo do que Deus fez para nos libertar? *Tanto amou Deus o mundo que lhe entregou o seu Filho unigênito* (Jo 3, 16). É algo inimaginável com medidas humanas: poderia dizer-se que Deus sacrificou, *trocou* a vida do seu Filho único pela nossa. Por quê? Não porque tivesse deixado de amar o seu Filho unigênito, mas porque queria ver nEle *o primogênito entre muitos irmãos* (Rm 8, 29), queria reconhecê-lo e amá-lo em nós como forma e prova de um amor infinito por nós.

Todos nós, os «degredados filhos de Eva», como dizemos na Salve-Rainha, temos, pois, uma enorme dívida de gratidão para com a entrega redentora de Cristo, *que me amou e se entregou por mim* (Gl 2, 20) e assim nos fez da raça de Deus. E essa dívida de amor se paga com um amor que há de ir até à abnegação:

«Conta-se de uma alma santa que, ao ver como todos os acontecimentos lhe eram contrários e que a uma prova se sucedia outra, e a uma calamidade um desastre ainda maior, se voltou com ternura para o Senhor e lhe perguntou: "Mas, Senhor, que foi que Te fiz?", e ouviu no seu coração estas palavras: "Amaste-me". E encheu-se de uma grande paz e alegria»[1].

Não é fácil entender essa lógica: o amor a Deus manifestado com a aceitação das provas e dificuldades, e não apenas com eflúvios sentimentais. Mas, se amor com amor se paga, se é justo que haja em nós uma semelhança de qualidade com o amor divino ao qual desejaríamos de algum modo retribuir, já não nos poderá parecer excessivo que Cristo, do alto da Cruz — onde foi costurado ao madeiro com pregos que «pareciam de

---

(1) Francisco Fernández-Carvajal, *Falar com Deus*, vol. 4, p. 269.

ferro e eram de amor» — nos peça a contraprova de um grande amor que chega ao sacrifício.

Essa é a grande razão de ser da mortificação: o *amor*.

No relato sobre o martírio de três garotos japoneses, que foram canonizados por Pio IX em 1862, narra-se que um deles, de treze anos, antes de ser martirizado, respondeu à pessoa que lhe pedia para renegar a fé: «Eu seria muito tolo se trocasse os bens que nunca se perdem e são eternos, por outros que são incertos e acabam logo»[2]. Só a ajuda do Espírito Santo, que é espírito de amor, pôde fazer entender a esse menino uma verdade que é obscura para muitos. Ele tinha-se apercebido da dimensão de eternidade que tem o amor manifestado pelo sacrifício. É caminho para alcançar o que todo o verdadeiro amor ambiciona:

---

(2) Réginald Garrigou-Lagrange, *Las tres edades de la vida interior*, Herder, Buenos Aires, 1944, p. 1029.

entrar na posse definitiva do bem que se ama, neste caso de Deus, *que nos amou primeiro*, *com um amor eterno* (cf. 1 Jo 4, 19; Jr 31, 3).

Progredir nas virtudes

Conta-se a história de um rei do Oriente que recebeu como presente de um sábio uma *História da humanidade* em cinquenta volumes. Sem tempo para lê-la, o rei pediu ao sábio que a resumisse. Passados vinte anos, o sábio voltou com a obra reduzida a cinco volumes. O rei já estava velho e pediu-lhe que a resumisse ainda mais. Passados outros vinte anos, o sábio trouxe a obra condensada num só volume. Mas encontrou o rei já no leito de morte. Então aproximou-se do seu ouvido e resumiu tudo numa só linha: «Nasceram, sofreram, morreram»[3].

---

(3) Cf. Somerset Maughan, *Servidão humana*, Abril, São Paulo, 1982, p. 106.

Na realidade, o sábio dessa lenda resumiu os feitos dos grandes vultos da História numa só palavra: *sofreram*; porque nascer e morrer é algo intrínseco à própria vida, mas sofrer é o sinal de que tudo o que é digno de ser lembrado, tudo o que se conquista de valioso, é fruto de longos sacrifícios.

Isto aplica-se não apenas a metas concretas dos nossos projetos de realização profissional, social, etc., mas sobretudo ao projeto de vida. Porque é este que, afinal, interessa: de que adianta ganhar o mundo inteiro, se se vem a perder a alma? (cf. Mt 16, 26). E aqui é preciso reconhecer que todos, em maior ou menor medida, nos encaixamos na figura de um dos personagens dos contos de Guimarães Rosa: «Aquele homem não estava definitivo». Todos somos seres «que ainda não foram terminados»; somos seres *inacabados*.

Este desnível entre o que somos e o que devemos ser, em vista da nossa realização como cristãos, só pode ser preenchido pela aquisição de virtudes. Tendemos a governar-nos unicamente de acordo com as nossas inclinações e a nossa maneira de ser, e desse modo não vamos muito longe. Se analisarmos a vida dos santos, veremos que nunca se aceitaram como eram e lutaram até o fim por dominar e ultrapassar o seu temperamento; buscaram com um afinco muitas vezes heroico as capacidades que lhes faltavam para atingirem a maturidade e o acabamento na identificação com Cristo, *perfeito Deus e perfeito homem*[4]. E isso não se consegue sem esforço. Ainda que estragando o lado poético da frase do sábio oriental murmurada ao ouvido do rei moribundo, poderíamos emendá-la assim: «Nasceram, sofreram *no empenho por alcançar virtudes* e morreram».

Há uns anos, foi muito comentada uma experiência feita por um psicólogo americano com um grupo de crianças.

---

(4) Símbolo *Quicumque*.

Colocou-as numa sala e ofereceu-lhes sorvete, mas nas seguintes condições: quem quisesse tomar o sorvete imediatamente receberia uma bola; quem esperasse quinze minutos receberia duas. O resultado foi que 80% das crianças preferiram tomar o sorvete na hora e só 20% depois dos quinze minutos. O mais interessante, porém, é que a experiência não parou por aí, pois destinava-se a avaliar concretamente que tipo de pessoas conseguem um melhor desempenho na vida profissional. Essas crianças foram depois acompanhadas ao longo de vários anos, até estarem um bom tempo no exercício da profissão, e o resultado foi o seguinte: todos aqueles meninos que tinham esperado os quinze minutos encontravam-se agora numa situação profissional muito superior à dos que tinham preferido comer uma bola na mesma hora; tinham-se mostrado bem mais organizados e disciplinados e, graças a isso, tinham alcançado um bom nível na sua carreira.

Evidentemente, tratou-se apenas de uma pesquisa, de valor limitado, mas apontou para uma realidade: aquele que sabe sacrificar-se está mais capacitado para adquirir uma personalidade completa, construindo virtudes estáveis que superem as suas limitações.

Desde as mais elevadas virtudes, que são as teologais — fé, esperança e caridade —, passando pelas cardeais — justiça, fortaleza, prudência e temperança —, até a última das virtudes humanas, todas elas só serão alcançadas se houver mortificação. Sem mortificação, não haverá verdadeira vida cristã nem se forjará o caráter.

Se, por exemplo, a virtude almejada é a *ordem*, será necessário vencer-se em muitos detalhes que custam: observar um horário, hierarquizar as tarefas, ter um lugar para cada coisa, esmerar-se na pontualidade, não transformar a preguiça em arte (como alguém comentou ironicamente de certos quadros de arte moderna), e por aí fora.

Se se quer ter o impulso sexual sob controle e viver a virtude da *castidade*, cada qual segundo o seu estado de solteiro ou casado, é evidente que será preciso muito autodomínio. Já o dizia São Jerônimo: «Se queremos guardar a mais bela das virtudes, que é a castidade, devemos saber que ela é uma rosa que somente floresce entre espinhos; e, portanto, só a encontraremos, como todas as outras virtudes, numa pessoa mortificada»[5].

Se o que procuramos é a *humildade de coração*, que tanto nos assemelha a Cristo, será necessário reconhecermos os nossos erros com uma sinceridade que machuca o ego, engolir em seco as humilhações, fugir dos aplausos, etc.

Numa palavra, para ir aonde se quer ir, é preciso ir por onde não se quer ir. São Gregório Magno expressava-o assim: «Há alguns que querem ser humildes, mas sem serem desprezados; querem contentar-se com o que têm, mas sem padecer necessidade; ser castos, mas

_____

(5) São Jerônimo, *Comentário ao Evangelho de São Mateus*, 3, 18, 4.

sem mortificar o corpo; ser pacientes, mas sem que ninguém os ultraje. Quando procuram adquirir virtudes, e ao mesmo tempo fogem dos sacrifícios que as virtudes trazem consigo, assemelham-se aos que, fugindo do campo de batalha, quereriam ganhar a guerra vivendo comodamente na cidade»[6].

Reparar os estragos provocados pelas nossas faltas

Quando, num jogo de futebol, um jogador entra de forma violenta contra um adversário e o derruba, é bonito ver que lhe pede desculpas. Mas o juiz apitará a falta e o jogador será penalizado com um chute a gol de bola parada; e se a falta tiver sido cometida dentro da grande área, com um pênalti. Portanto, a regra é clara: se houver uma falta, deve haver algum tipo de penalidade que recomponha de certa forma o mal cometido.

---

(6) São Gregório Magno, *Moralia*, 7, 28, 34.

Suponhamos agora uma batida de carro por culpa exclusiva de um dos motoristas. Basta por acaso que saia do carro e se mostre compungido? Será preciso que, além disso, cubra os gastos.

Pois bem, há uma semelhança entre essas regras da justiça humana e a regra da fé. As nossas faltas e pecados pedem dor, mas pedem também reparação. Deus é Pai e sabemos de antemão que, se nos mostrarmos realmente arrependidos, Ele sai ao nosso encontro e, como na parábola do filho pródigo, quase nem nos deixa pedir desculpas: mal abrimos a boca, já nos abraça e chama os seus servos para que nos mudem a roupa, nos calcem os pés com sandálias novas e preparem um banquete para comemorar o regresso por Ele tão aguardado. Mas como se terá sentido daí em diante esse filho pródigo que foi perdoado?

Não nos custa imaginar qual terá sido a sequência da sua vida. Não é aventurado pensar que, a partir desse momento, se comportou com uma fidelidade que fez por merecer a grandeza do perdão paterno. Estaria disposto não só a nunca mais sair de casa, em busca de falsas independências e gozos, mas a trabalhar mais na fazenda do pai, muito mais que o melhor dos jornaleiros, acolhendo qualquer sacrifício, sempre em lembrança do seu extravio que agora quereria de algum modo compensar[7].

A essa compensação chamamos *penitência*. E é outro dos grandes motivos que nós, os cristãos, temos para nos dispormos a aceitar, mais ainda, a *procurar* ocasiões de sacrificar-nos. Escreve São João: *Se dissermos que não temos pecado*

---

(7) Ao falar da necessidade de reparar pelo pecado, o papa João Paulo II apontava para os estragos que causa: todo o pecado «arrasta consigo a Igreja e, de certa maneira, o mundo inteiro. Por outras palavras, não há nenhum pecado, mesmo o mais íntimo e secreto, o mais estritamente individual, que diga respeito exclusivamente àquele que o comete. Todo o pecado repercute com maior ou menor veemência, com maior ou menor dano, em toda a estrutura eclesial e em toda a família humana» (João Paulo II, Exort. apost. *Reconciliatio et Paenitentia*, 02.12.1984, 16).

nenhum, enganamo-nos a nós mesmos, e a verdade não está em nós (1 Jo 1, 8). Portanto, todos temos necessidade de penitência.

Impressiona verificar na vida dos homens de Deus como, à medida que crescem em santidade de vida, têm uma consciência serena, mas aguda, de serem pecadores. Não é fingimento, porque, pela experiência das contínuas delicadezas de Deus, quaisquer faltas, por pequenas que sejam, lhes pesam muito. Assim como numa camisa branca recém-vestida notamos logo a menor mancha, mas nem a percebemos na de um infeliz que cai de bêbado pela rua, assim esses íntimos de Deus compreendem a necessidade de levar uma vida penitente que contrabalance as suas menores faltas de generosidade. Não são como esse homem público que dizia em certa ocasião: «Pelos meus pecadinhos, eu só passarei uns minutos no purgatório»...

Mas não há na penitência uma simples razão de justiça, e sim, novamente, de *amor*. Um filho sente ter ofendido o seu pai muito mais do que um estranho ou um inimigo: «*Si inimicus meus maledixisset me, sustinuissem utique* — que o meu inimigo me ofenda, não é estranho e é mais tolerável. Mas tu..., *tu vero homo unanimis, dux meus, et notus meus, qui simul mecum dulces capiebas cibos* — tu, meu amigo, meu apóstolo, que te sentas à minha mesa e comes comigo doces manjares!»[8]

São Josemaria Escrivá dizia de si mesmo que era «uma pobre fonte de miséria e de amor»[9]. Uma coisa está na proporção da outra. Quanto mais amamos a Deus, mais sofremos por tê-lo magoado. E tudo o que façamos — de renúncia ao que agrada aos sentidos, mas desagrada a Deus, de aceitação das contrariedades, de vida sóbria e mortificada — nos há de

---

(8) Josemaria Escrivá, *Caminho*, Quadrante, São Paulo, 2023, n. 244.

(9) Javier Echevarría, *Recordações sobre Mons. Escrivá*, Quadrante, São Paulo, 2017, p. 23.

parecer sempre pouco. Quase nada terá avançado na vivência do amor a Deus quem não sinta a necessidade de ser generoso em reparar as suas antigas ou atuais claudicações.

Esta experiência viva do amor divino não correspondido é o que explica ainda que os homens santos chamem a si a responsabilidade das faltas e pecados alheios. Doem-lhes as loucuras dos outros como se fossem próprias, os pecados a céu aberto com a complacência dos meios de comunicação, as violações da própria lei natural que Deus inscreveu na consciência humana. «Só uma consciência cauterizada, só a insensibilidade produzida pela rotina, só o aturdimento frívolo podem permitir que se contemple o mundo sem ver o mal, a ofensa a Deus, o prejuízo, às vezes irreparável, que se causa às almas»[10].

---

(10) Josemaria Escrivá, *É Cristo que passa*, Quadrante, São Paulo, 2014, n. 123.

E, tal como um filho se sente impelido a consolar o pai pelos desgostos que lhe causa outro filho, assim sentiremos a necessidade de pedir perdão a Deus e compensá-lo pelas muitas ofensas que os nossos irmãos, os homens, lhe fazem. Não os julgamos, mas fazemos penitência por eles.

Uma das constantes nas aparições de Nossa Senhora — em Lourdes, em Fátima —, é que têm este denominador comum: a Virgem pede que se faça penitência em desagravo pelos pecadores. Já na primeira aparição aos pastorinhos de Fátima o pediu explicitamente. Lemos em William Walsh:

«Uns dias depois, a 13 de maio de 1917, [Lúcia, Francisco e Jacinta] puseram-se a caminho da Serra. Era um domingo esplendidamente luminoso. [...] Através dos campos, conduziram todo o rebanho para os pastos que o pai de Lúcia possuía na Cova da Iria [...]. Ao chegarem, enxotaram as ovelhas para o pasto alto e resolveram transformar uma pequena moita numa "casinha". Estavam entretidos nesse trabalho quando foram surpreendidos por um raio de luz».

Amedrontados, correram ladeira abaixo até uma carrasqueira que estava a uns cem metros. E, mal se tinham abrigado, após um segundo clarão, viram bem diante deles, na copa de uma azinheira a outros cem metros, um círculo de luz e, no centro, uma Senhora «vestida de branco, mais brilhante que o sol».

«— Não tenhais medo — disse a voz, numa inflexão de suavíssima ternura e de um timbre inesquecível —. Eu não vos faço mal.

«— De onde é Vossemecê?

«— Sou do céu.

«— E que é que Vossemecê me quer? [...]

«— Quereis oferecer-vos a Deus para suportar todos os sofrimentos que Ele quiser enviar-vos, em ato de reparação pelos pecados com que Ele é ofendido e de súplica pela conversão dos pecadores?

«— Sim, queremos».

Num daqueles dias, Jacinta sentou-se e deixou-se ficar imóvel e silenciosa.

«— Jacinta! Vem brincar!

«— Hoje não quero brincar.

«— Por que não queres brincar?

«— Porque [...] aquela Senhora nos disse para rezarmos o terço e fazermos sacrifícios pela conversão dos pecadores. Agora, quando rezarmos o terço, temos que rezar a Ave-Maria e o Padre-Nosso inteiros [apenas diziam as primeiras palavras]. E os sacrifícios, como os havemos de fazer?

«Francisco teve uma ideia:

«— Damos a nossa merenda às ovelhas e fazemos o sacrifício de não merendar.

«Desde então, muitas vezes, limitavam-se a beber a água do barreiro onde também bebia o gado e as mulheres lavavam a roupa».

Ao sacrifício da merenda, que depois passaram a dar aos meninos pobres, as três crianças foram acrescentando outras: apanhar e mastigar bolotas verdes, amargas como o fel, deixar de beber água quando a sede apertava debaixo do sol escaldante do meio-dia, deixar de almoçar «pelos pecadores que comem demais»... Some-se a isso o que tiveram de sofrer — com a incredulidade dos parentes, as troças dos demais meninos, os interrogatórios das autoridades com ameaças de queimá-las a fogo lento, as doenças de que viriam a morrer Francisco e Jacinta num hospital longe da família, na maior solidão —, e teremos o que umas crianças singelas, analfabetas, quiseram fazer e aceitar em sacrifício pelos pecadores[11].

---

(11) William Thomas Walsh, *Nossa Senhora de Fátima*, Quadrante, São Paulo, 1996, pp. 64-73.

Todas as almas santas souberam acolher esse apelo de reparação. E não é que fossem infelizes, mas ao contrário. Uma dessas almas que hoje veneramos nos altares escrevia nos seus apontamentos íntimos e confirmava-o com a sua vida inteira: «Jesus, sinto muitos desejos de reparação. O meu caminho é amar e sofrer. Mas o amor faz-me desfrutar no sofrimento, a ponto de me parecer agora impossível que eu possa vir a sofrer algum dia [...], porque o sofrimento me dá alegria e paz»[12].

À medida que vamos avançando na vida cristã, sentimos a necessidade de cultivar um grande espírito de penitência, como um fogo que purifique as nossas faltas pessoais e as do mundo inteiro. Deixamos de fugir de tudo o que custa, não porque deixe de custar, mas porque encontramos um motivo forte para abraçá-lo: o amor a Deus a quem

---

(12) Andrés Vázquez de Prada, *O Fundador do Opus Dei*, vol. I, Quadrante, São Paulo, 2004, p. 382.

tanto se ofende, e o amor aos homens que tanto o ofendem.

Fazer apostolado

Esse amor aos homens, pecadores como nós, mas pouco conscientes do seu pecado, há de levar-nos a estender-lhes a mão para que abram os olhos. Como o faremos?

Jesus Cristo começou a sua vida pública, em que daria a conhecer a sua mensagem de reconciliação dos homens com Deus, por um longo tempo de jejum e penitência no deserto. Depois, no convívio com os Doze que escolhera para continuarem a sua missão, mostrou-lhes qual era o caminho para a eficácia dessa tarefa futura. Ao contrário do que hoje esperaríamos, não lhes pediu dotes pessoais de persuasão, não lhes ensinou técnicas de comunicação e propaganda, mas disse-lhes com toda a clareza: *Em verdade, em verdade vos digo: se o grão de trigo que cai na terra não morre, fica só;*

mas se morre, dá muito fruto (Jo 12, 24). E selou essa doutrina com a sua própria paixão e morte numa cruz.

Para que o grão de trigo possa ser a origem de novos grãos, tem de passar pela decomposição debaixo da terra. Se queremos que a nossa passagem pela terra dê frutos de vida cristã, no seio da família, no meio profissional e social em que nos movemos, temos de passar pela fase da «morte» do grão de trigo, da mortificação do grão de trigo que somos cada um de nós.

Impressiona verificar que — exceto São João, que, segundo a tradição, foi lançado num caldeirão de óleo fervente, mas miraculosamente se salvou — todos os Apóstolos morreram mártires. Foi por isso, por se terem mantido firmes no cumprimento da sua missão, expondo--se a todos os contratempos e a todos os choques até chegarem a derramar o seu sangue, que semearam a palavra de Cristo pelos quatro cantos da terra. Essa é a lógica de Deus, em contraste absoluto com a lógica dos homens.

O cristão tem de estar persuadido de que a eficácia do anúncio da salvação não depende apenas do seu exemplo e palavra, mas acima de tudo da graça divina: *Se o Senhor não edifica a casa, em vão trabalham os que a constroem* (Sl 127, 1). E essa graça foi-nos obtida pelo sacrifício cruento de Cristo. Toda a nossa tarefa apostólica se resume, pois, em participar do sacrifício redentor de Cristo, em sermos corredentores com Ele. Na encíclica *Salvifici doloris*, João Paulo II exprime-o assim: «Cada homem é chamado a participar do sofrimento por meio do qual se realizou a Redenção; é chamado a participar do sofrimento mediante o qual foi também redimido todo o sofrimento humano. Realizando a Redenção mediante o sofrimento, Cristo *elevou ao mesmo tempo o sofrimento humano ao nível da Redenção*»[13].

---

(13) João Paulo II, Encíclica *Salvifici Doloris*, 11.02.1984, n. 19.

Deus procura *amigos da cruz de Cristo* para continuar através deles a sua obra de resgate dos homens. A eficácia da ação apostólica é a eficácia do sangue de Cristo. Por isso, todo o trabalho que tenha em vista aproximar os homens de Deus deve ser precedido e acompanhado pela oração e pelo sacrifício pessoal, que é o canal por onde esse Sangue se espalha e irriga os membros do Corpo de Cristo tolhidos pelo pecado: «Primeiro, oração; depois, expiação; em terceiro lugar, muito em *terceiro lugar*, ação»[14]. *Eu plantei, Apolo regou, mas é Deus quem dá o incremento* (1 Cor 3, 6).

Compreende-se a necessidade do sacrifício ainda por outro ângulo. Por pouca experiência que tenhamos, sabemos bem que a ação apostólica é como semear um campo: é preciso desbravar a terra, arar, depois plantar, regar e cuidar de que a planta cresça, combatendo as

---

(14) Josemaria Escrivá, *Caminho*, n. 82.

pragas. Vigiar e... esperar. É um trabalho sujeito às inclemências do tempo, à seca e às inundações. O mesmo se passa com as almas: é necessário não se decepcionar com um «não», não querer ver frutos imediatos, prontas adesões entusiásticas, não desanimar com uma desistência após meio caminho andado.

Muito grão se perde, como na parábola evangélica do semeador (cf. Lc 8, 5-15). Deus, porém, pede aos seus apóstolos que perseverem no esforço, e isso significa sacrifício, absoluta ausência de amor próprio. Nada há aqui da «política de resultados» que norteia a vida das empresas. Insurgir-se contra as negativas, os insucessos, as decepções e desistir é como rejeitar a Paixão de Cristo, que avançou para a morte como caminho necessário para a Ressurreição.

Nem sempre haverá resistências, mas é preciso ter o espírito preparado para qualquer tipo de resistência ou frustração. E isso só se consegue mediante o sacrifício de quem madruga para lavrar, semear, regar, e não vai colher de imediato. Os frutos de qualquer ação apostólica são absolutamente seguros. Está aí o consolo da promessa divina: *Electi mei non laborabunt frustra*, «os meus eleitos não trabalharão em vão» (Is 65, 23). É essa certeza, essa esperança, que anima os passos de quem trabalha no campo de Deus. E a esperança não é um refúgio na utopia, um consolo na miragem; é fé e trabalho hoje e agora, abnegado, de olhos serenamente postos no fruto seguro de amanhã.

Uma última consideração, breve, que nos leva ao que víamos atrás sobre as virtudes. Seremos veículo eficaz da ação divina na medida em que «através das ações do discípulo, se possa descobrir o rosto do Mestre»[15], que é quem atrai os homens para Deus. Refletir o rosto do Mestre pressupõe refletir a sua conduta, os seus sentimentos, os seus gestos, tão humanos

---

(15) Josemaria Escrivá, *É Cristo que passa*, n. 105.

e tão divinos ao mesmo tempo. E este é mais um motivo, forte, para desbastarmos o nosso caráter e o trabalharmos — tal como o artista que desbasta o mármore a golpes de martelo e de cinzel —, até que adquira as feições do Mestre. Os nossos amigos deveriam poder dizer de nós o que dizia alguém depois de uma conversa com o Cura d'Ars: «Hoje, vi Deus num homem». Não que possam ver em nós um santo, mas ao menos alguém que, no meio das suas limitações, se esforça por sê-lo: lutando com ardor e sacrifício por sermos compreensivos e pacientes, benignos e bem-humorados.

Aquele homem que se esforçava inutilmente, havia meses, por trazer um amigo à prática religiosa, ouviu dele, após uma das suas mil tentativas, estas palavras surpreendentes: «Pelo amor de Deus, não desista de mim!» Parecia não querer, mas queria... Algum dia havia de ser, desde que o amigo perseverasse com ele, apesar dos seus adiamentos. De onde se tiram as forças para isso?

A RESISTÊNCIA AO SACRIFÍCIO

Má vontade e vontade má

«Paciência!»

É o que se costuma dizer quando algo é inevitável: quando uma pessoa jovem tem que andar um mês de muletas por uma queda infeliz no esporte; quando ficamos com um resfriado no momento mais inoportuno; quando somos assaltados à entrada da garagem, etc.

A palavra *paciência* tem a mesma raiz etimológica que *padecimento*. Muitas vezes o padecimento é inevitável e exige paciência. Mas, mesmo que haja paciência, o padecimento não deixa de existir, porque, enquanto permanecer, continuará a custar. É lei de vida; e rebelar-se contra isso é rebelar-se contra a realidade da nossa existência na terra.

Temos que partir desse realismo para poder entender que, mesmo havendo um posicionamento cristão na vida, e querendo seguir de perto os passos de Cristo, as coisas podem continuar a custar-nos.

Uma mãe pode amar muito intensamente os seus filhos, a ponto de que daria a sua vida por eles num gesto heroico, mas isso não faz com que deixe de custar-lhe o choro da criança às três da madrugada, ou de humilhá-la a resposta agressiva da filha adolescente, ou de afligi-la a bagunça do quarto do filho de dezoito anos. Sonhar com um amor sem sofrimento é fugir para a ilha da fantasia, onde uma música de fundo agradável e uma imagem de colorido suave parecem mostrar que os anos transcorrem sem nenhum contratempo, que tudo são só alegrias...

Não vivemos no mundo da fantasia, mas no mundo real, com as suas dificuldades e problemas. Isto que é tão evidente quando se trata do amor humano, parece que não o é tanto quando se trata da vida cristã. O raciocínio dá-se mais ou menos assim: se eu procuro agradar a Deus e ver em tudo a sua mão providente, por que há coisas que me custam? E por que, mesmo sabendo que o sacrifício é útil e agradável a Deus, fujo de tudo o que me contraria?...

Esse é o raciocínio da vida cristã holywoodiana, que esquece a realidade do *pecado original*. Há em nós um princípio ferido e distorcido que se rebela contra tudo o que desagrada. Não podemos admirar-nos disso. Não podemos assustar-nos de que haja em nós dois sentimentos conflitantes: um em direção ao bem árduo e outro de repulsa perante a dor. São Paulo fala de que há em nós uma luta entre o «homem novo» e o «homem velho».

Não devemos confundir o que às vezes se chama «má vontade» com o que poderíamos chamar «vontade má». Pode-se ter «má vontade» — no sentido de uma relutância dos sentimentos — à hora de tomar o remédio amargo, ou de desligar a televisão, ou de largar de fumar, mas sem que por isso haja uma «vontade má», isto é, uma real oposição ou rebeldia interior. Não é que não queiramos; quereríamos que não nos custasse. É somente a natural resistência perante aquilo que desagrada aos nossos sentidos.

Nota-se então que o medo à dor é um impulso profundamente arraigado em nós, e a nossa primeira reação é de *repulsa*. Por isso, a mortificação, a penitência cristã, tropeça com dificuldades; não é fácil, e ainda que a pratiquemos assiduamente, não acabamos nunca de acostumar-nos a ela.

Que se passa aqui? Que foram esquecidos ou se enfraqueceram os *motivos* que víamos atrás para descobrirmos um valor positivo em todas as contrariedades. Falta uma pequena peça que preencha o espaço que vai da *compreensão* intelectual desses motivos para a *adesão* vital. Essa peça chama-se *oferecimento*.

Atualizar os motivos

A uma pessoa que certa vez me procurou em busca de conselho para fortalecer e desenvolver a sua vida cristã, falei-lhe da necessidade de estender a sua fé e piedade aos aspectos humanamente custosos do seu dia-a-dia. Expus-lhe os motivos sobrenaturais para fazê-lo e acrescentei que todos esses sacrifícios podiam ter um sentido *personalizado*, se os oferecesse a Deus pelas intenções nobres que trazia na mente e no coração. Além do mais, deixavam de ser uma fatalidade, ou uma inutilidade destinada ao cesto dos papéis, para ganhar uma poderosa razão de ser. Objetou-me:

— Mas posso oferecer a Deus uma coisa da qual não estou gostando e que faço de má cara?

Disse-lhe que sim, que não era uma hipocrisia, mas ao contrário: era a prova de que o seu amor era mais forte que a dor, e por isso, além do mais, a «pressão» exercida sobre Deus era maior, não menor.

Passados uns dias, retornou e disse-me:

— Pus em prática o que o senhor me ensinou, sobre o oferecimento das coisas que me custavam, mas não sei se deu muito certo... Neste meio-tempo, tive uma gripe que me derrubou, e procurei oferecê-la pelas minhas intenções, concretamente por uma filha que prestava o vestibular, e, embora ela tenha ido bem, a verdade é que eu queria ver-me livre da febre quanto antes para voltar à minha atividade normal. Acho que não consegui fazer direito o oferecimento, porque, embora tenha visto uma utilidade na doença, custou-me da mesma forma que me custava antes...

Tranquilizei-o, observando-lhe que as coisas eram assim mesmo. Não se tratava de uma receita mágica que, ao oferecer a dor, a fizesse desaparecer repentina e automaticamente; que o incômodo permanecia tal como antes, mas com um *sentido* e um *valor* novos.

— E que valor podem ter umas contrariedades tão corriqueiras como uma gripe ou uma dor de cabeça?

— O valor do sangue de Cristo! — respondi-lhe —, porque Cristo as assume e integra no seu sacrifício redentor, diariamente renovado no sacrifício do altar. Podem parecer-lhe sem valor?

Esse oferecimento estende-se, não apenas às mortificações que a vida nos depara, mas às que buscamos por termos *intenções* pelas quais oferecê-las. Lemos em *Caminho* este pensamento encantador:

Como te custa essa pequena mortificação! Estás lutando. É como se te dissessem: — Por que hás de ser tão fiel ao plano de vida, ao relógio?

— Olha: já reparaste com que facilidade são enganados os garotinhos? — Não querem tomar o remédio amargo, mas... «vamos lá!» — dizem-lhes —, «esta colherzinha pelo papai;

outra pela vovó...» E assim até tomarem toda a dose.

O mesmo deves tu fazer: quinze minutos mais de cilício pelas almas do purgatório; cinco minutos mais pelos teus pais; outros cinco pelos teus irmãos de apostolado... Até passar o tempo marcado no teu horário.

Feita deste modo a tua mortificação, quanto não vale![1]

Dois caminhos, duas atitudes

Há dois caminhos, duas atitudes na vida: buscar o mais cômodo e agradável, satisfazer o corpo e fugir do sacrifício e da penitência, ou buscar a vontade de Deus ainda que custe, ter os sentidos resguardados e o corpo sob controle. Só o último desses caminhos conduz ao Céu; o outro, a uma vida afastada de Deus, sem graça e sem garbo, desperdiçada já

---

(1) Josemaria Escrivá, *Caminho*, n. 899.

agora e sem esperança quanto à vida que há de vir..., e são muitos os que andam por ele. Temos que perguntar-nos com frequência para onde vamos e por que caminho; se os nossos passos e preferências nos encaminham para o Céu; se andamos pela trilha íngreme que se dirige para a *porta estreita*.

Assustam-nos a serenidade e a felicidade com que, uns três meses antes de morrer de uma dolorosa e prolongada doença, Santa Teresa de Lisieux escrevia a um sacerdote missionário que estava na China e por quem rezava:

«9 de junho de 1897. Recebi esta manhã a sua carta e aproveito o momento em que a enfermeira está ausente para escrever-lhe esta última palavrinha de adeus; quando a receber, terei deixado o exílio [...]. Que feliz sou em morrer! [...] Sim, sou feliz, não porque serei libertada dos sofrimentos cá da terra (o sofrimento é, pelo contrário, a única coisa que me parece desejável neste vale de lágrimas), mas porque sinto bem que tal é a vontade de Deus [...]. Até breve, até à vista no Céu!»[2]

Ter como *única coisa desejável* o sofrimento supõe uma grande profundidade de alma, em que a natural repulsa pela dor é superada pelo amor a Deus, à sua vontade. Estamos muito longe desses sentimentos, mas, para que de algum modo nos aproximemos deles, o caminho é vencer o custo das coisas pondo os olhos na meta. É identificar-se com os sentimentos de Cristo, repletos de amor ao Pai e aos homens que Ele veio salvar com a entrega da sua vida: *Eu vim para que os homens tenham vida, e a tenham em abundância* (cf Jo 10, 10).

Devemos empreender esse caminho íngreme do sacrifício. Cristo espera que

---

(2) Santa Teresa de Lisieux, Carta CCXVI, em *Cartas de Santa Teresa do Menino Jesus*, Obras das Vocações Sacerdotais, Salvador, 1952.

saibamos vencer a resistência que encontramos em nós, sabendo seguir as suas pegadas na terra, que não ficaram impressas só em areias suaves, em tapetes adamascados e sobre pétalas de flores, mas sobre a terra áspera, sobre as pedras pontiagudas e sobre o terreno resvaladiço que são a via que conduz ao Céu.

É o momento de vermos com algum detalhe como podemos entrar por esse caminho áspero que o amor suaviza.

MORTIFICAÇÃO ATIVA E PASSIVA

Mortificação passiva

Conta uma lenda norueguesa que um certo Haakon cuidava de uma ermida. Venerava-se ali um crucifixo muito antigo, e os habitantes dos arredores iam até lá para pedir graças. Um dia, impelido por um sentimento generoso, o ermitão quis também fazer um pedido, ajoelhou-se diante da cruz e disse:

— Senhor, quero padecer por Vós. Deixai-me ocupar o vosso lugar nesse crucifixo.

O Senhor abriu os lábios e disse-lhe:

— Meu querido servo, acedo ao seu desejo, mas tem de ser com uma condição.

— Qual, Senhor? É uma condição difícil? Estou disposto a cumpri-la com a vossa ajuda!

— Olhe, aconteça o que acontecer, e veja o que vir, deve guardar silêncio sempre.

Haakon respondeu:

— Prometo, Senhor!

E fez-se a mudança. Ninguém percebeu a troca. Ninguém reconheceu o ermitão, preso com os pregos na cruz. O Senhor ocupava o lugar de Haakon. E este por longo tempo cumpriu a promessa, não dizendo nada a ninguém.

Um dia, chegou um rico que, depois de ter orado, esqueceu ali a sua bolsa. Haakon viu e ficou calado. Também não disse nada quando um pobre, que veio duas horas depois, se apropriou da bolsa do rico. E também não disse nada quando, pouco depois, um rapaz se postou diante dele para pedir uma graça antes de empreender uma longa viagem. Mas nesse momento voltou a entrar o rico, em busca da sua bolsa. Não a achando, pensou que o rapaz se havia apossado dela e, irado, disse-lhe:

— Dê-me a bolsa que você roubou!

O jovem, surpreso, replicou:

— Não roubei nenhuma bolsa.

— Não minta, devolva-me imediatamente!

— Repito que não peguei nenhuma bolsa.

Furioso, o rico lançou-se contra ele. Ouviu-se então uma voz forte:

— Pare!

O rico olhou para cima e viu que a imagem lhe falava: era Haakon, que lhe gritava e o censurava pela falsa acusação. Abatido, o rico saiu da ermida. O jovem saiu também, porque tinha pressa em empreender a sua viagem. Quando a ermida ficou vazia, Cristo dirigiu-se ao seu servo e disse-lhe:

— Desça da cruz. Você não serve para ocupar o meu posto. Não soube guardar silêncio.

— Senhor, como podia eu permitir essa injustiça?

Jesus voltou a ocupar a cruz e o ermitão viu-se diante dela. O Senhor prosseguiu:

— Você não sabia que convinha ao rico perder a bolsa, pois levava nela o preço do pecado com uma jovem mulher; o pobre, pelo contrário, tinha necessidade desse dinheiro e fez bem em levá-lo. E quanto ao rapaz que ia ser agredido, as suas feridas tê-lo-iam impedido de realizar a viagem, que para ele se tornou fatal: faz uns minutos, acaba de afundar-se o barco e ele perdeu a vida. Você não sabia nada. Eu sei. Por isso me calo...

Os silêncios de Deus às vezes nos desconcertam. Às vezes, parece que permite coisas ou situações ruins ou injustas. Mas Ele sabe o que faz e nós não. É preciso manter sempre inabalável a confiança nEle, mesmo que não se entenda. É uma grande ciência aprender a receber as coisas vendo por trás delas a mão de Deus, mesmo que pareçam adversas.

A essas contrariedades que nos vêm dadas pela vida, que não podemos escolher, ou das quais não podemos esquivar-nos, costuma-se chamar *mortificação passiva*.

Fila de banco, fim de semana chuvoso, congestionamento, calor, pessoas implicantes, atrasos, chefe irritado, dívidas, filho chorando, sogra reclamando, dentista, vizinho barulhento, pernilongos à noite... Que atire a primeira pedra quem nunca tenha o seu dia atrapalhado por algumas dessas coisas. É verdade que talvez não sejam grandes desastres, nem coisas terríveis, mas estão presentes com tanta frequência no dia-a-dia![1]

---

(1) São divertidos estes comentários de um articulista a propósito dos engarrafamentos: «Preso no trânsito, qualquer motorista compreenderia o que Jean--Paul Sartre quis dizer no final do seu livro *Entre quatro paredes*: "O inferno são os outros". Os outros são justamente o nosso inferno. Ali, dentro do nosso isolado refúgio, não nos damos conta de que somos parte do inferno. Cada um é o inferno dos outros [...]. De repente, você, com hora marcada ou humor em baixa, se vê encalacrado naquele nem para a frente nem para trás. De nada adiantam murros no volante ou palavrões. Mas você se torna insano. Também não dá para cochilar um pouco; tem de avançar aquele insignificante meio metro antes que alguém

Tudo isso pode transformar a vida num drama, com reclamações, insatisfação e até revolta, ou então pode ser palco de uma maravilhosa representação onde Deus é o diretor da peça.

Ao invés da reação espontânea de irritação ou revolta, trata-se de ter um *raciocínio sobrenatural* que, desenvolvido, será mais ou menos o seguinte: Se isto me acontece agora, Deus sabe o que se passa comigo, porque Ele conhece todas as coisas e sabe que eu estou nesta situação. Se a quer ou permite, é porque é boa para mim, embora me incomode, me desagrade e me custe. E eu devo aproveitá-la para crescer em espírito de fé, porque, nesta situação em que me encontro, Deus *está mais perto de mim*, ainda que pareça o contrário.

Além disso, assim como se transforma o lixo em utensílios reciclados, assim

---

buzine atrás. Faltou o aviso: "Deixai toda a esperança, ó vós que entrais"...» (Ivan Ângelo, *Veja São Paulo*, 23.07.2008).

podemos transformar o que tantos julgam o lixo da vida — as coisas ruins — em algo produtivo, em material de grande utilidade para adquirirmos virtudes e robustecê-las. E também para interceder pelos outros, como acabamos de ver.

A pequena batida no carro, que vai trazer-me gastos e perda de tempo, pode transformar-se numa boa ocasião para exercitar a virtude da fortaleza. Podemos pensar: «Vou manter o sorriso e o bom humor, agora que todos em casa receariam que ficasse de cara amarrada. A má cara não vai ajudar a pagar o conserto, e eu posso dar aos meus familiares um exemplo vivo de serenidade». Aquela dor de cabeça, que parecia deixar-me louco e impedir de fazer qualquer coisa de útil, transforma-se — enquanto a dor não passa e depois de tomar um analgésico — num motivo de oferecimento pela conversão de uma filha que se está desviando do caminho.

São reações que ajudam a substituir uma atitude queixumenta por uma postura própria de homens fortes. Em muitas ocasiões, esse exemplo de fortaleza atrairá outras pessoas ao calor da fé, porque verão que soubemos transformar o limão em limonada.

Dizia Santa Teresa como um conselho às suas filhas espirituais:

«Coisa imperfeita me parece este queixarmo-nos constantemente de males ligeiros; se podeis sofrê-los, não o façais. O mal, quando é grave, queixa-se por si mesmo [...]. Fraquezas e males de mulheres, esquecei-vos de os lamentar. Quem não perde o costume de queixar-se e de contar tudo, a não ser a Deus, nunca acabará [...]. Sabei sofrer um pouco por amor de Deus, sem que todos o saibam [...]. Não me refiro a males sérios [...], mas aos pequenos males que se podem suportar de pé. Lembremo-nos dos nossos Santos Padres passados... Pensais que eram de ferro? Se não nos decidirmos a tragar de uma vez a morte e a falta de saúde, nunca faremos nada»[2].

A contrariedade — pequena ou grande — *recebida com amor*, oferecida ao Senhor imediatamente, produz paz no meio da dor; e quando, pelo contrário, não se aceita, a alma destempera-se e fica triste, ou cai num estado de rebeldia íntima que a isola dos outros e a afasta de Deus. Quantas almas amarguradas encontramos pelo caminho que teriam outra atitude se olhassem para as mesmas realidades com fé!

A mortificação passiva *purifica a alma* e faz-nos amadurecer. Deus, como bom Pai, é exigente conosco para o nosso próprio bem, porque sabe que, se nos concedesse só facilidades, seríamos homens despreparados para os embates da vida.

---

(2) Santa Teresa de Ávila, cit. em Jesús Urteaga, *Deus e os filhos*, Quadrante, São Paulo, 1986, p. 52.

Conta a sua experiência uma moça muçulmana marroquina, que foi cuidada nos primeiros anos da sua existência com todo o luxo possível: vestia roupas caras, morava num palácio com todos os confortos imagináveis, viajava de avião em primeira classe para onde quisesse e quando quisesse. Quando tinha vinte anos de idade, seu pai tentou matar o rei num golpe que fracassou, e ela foi enviada para a pior das prisões marroquinas, juntamente com os quatro irmãos mais novos e a mãe. Ficou vinte anos presa sem nenhum julgamento e só saiu porque fugiram de forma espetacular, e vive hoje na França.

«A dor fez-me renascer. Levei tempo para morrer como Malika, filha mais velha do general Oufkir, filha de um poder, de um passado. Ganhei uma identidade. A minha identidade. E isso não tem preço. Se não fosse todo esse estrago, esse horror, eu quase diria que o sofrimento me fez crescer. De qualquer modo, transformou-me. Para melhor»[3].

É o que sentem, com maior motivo, os que se apoiam na fé. O sofrimento que procede de fatores externos, encarado como prova de que Deus está perto de nós, muito mais do que nas alegrias, esculpe em nós os traços da nossa verdadeira identidade como filhos bem-amados que somos de Deus.

Mortificação ativa

Hoje em dia, já são multidão aqueles que se veem caminhando em um parque, numa praça arborizada ou numa avenida agradável, em trajes esportivos adequados à idade, que vai desde a juventude até uma ancianidade respeitável. Para alguns, foi uma decisão pessoal que levou a enfrentar as caminhadas ou as corridas;

---

(3) Michèle Fitoussi, *Eu, Malika Oufkir*, Companhia das Letras, São Paulo, 2002, p. 105.

para outros, segue-se a um conselho médico que apontava os problemas que decorrem da vida sedentária. É preciso um mínimo de atividade para manter o físico em dia.

Pode-se dizer que o que é bom para o físico é bom para o espírito. A mortificação não deve ser somente passiva; é preciso que haja também *mortificação ativa*.

Se nos limitássemos apenas a esperar as tribulações, as contrariedades, a dor que não podemos evitar, faltaria *generosidade* ao nosso amor. Cairíamos na atitude minimalista de quem se resigna de má cara ao inevitável. Seria atuar com uma disposição que bem poderia expressar-se com estas palavras: «Mortificação? A vida já tem bastantes dissabores. Eu já tenho preocupações suficientes para ainda arranjar outras...» No entanto, a vida interior necessita tanto da mortificação, que temos de procurá-la ativamente. A mortificação que nos vem trazida pela vida e pelas suas circunstâncias é importante e valiosa, mas não pode ser uma desculpa para recusarmos uma generosa expiação voluntária, que será sinal de um verdadeiro espírito de penitência: *Eu te oferecerei um sacrifício voluntário, celebrarei o teu nome, Senhor, porque és bom!* (Sl 53, 8).

São Paulo, durante o seu ingente trabalho apostólico, não se contentou com padecer fome e sede quando as circunstâncias o exigiam; acrescentou-lhes frequentes jejuns e vigílias por iniciativa própria (cf. 2 Cor 6, 5; 11, 27).

Como devem ser estas mortificações ativas? Na vida de um cristão normal, que trabalha ou estuda, vive com a família e tem um relacionamento social idêntico ao de tantas outras pessoas, a mortificação deve ser *natural*, *humilde*, *pequena*, *discreta*, que ajude a realizar melhor as tarefas próprias, a crescer nas virtudes e a aproximar-se de Deus.

Não se trata só de procurarmos fazer «coisas que custem», mas de buscarmos mortificações que nos ajudem a ser *melhores*, como pessoas e como filhos de

Deus. Por isso, será natural que convenha buscar mortificações sobretudo nos pontos falhos do caráter. Para aquele que é *egoísta*, sacrifícios que o levem a sair de si mesmo, a interessar-se sinceramente pelos problemas dos outros. Para quem é *comodista*, o esforço por enfrentar o que custa, por fazer as coisas a tempo, sem adiar, sem ceder à inércia. O *orgulhoso* procurará reconhecer as qualidades dos outros, não apoiar-se tanto em si mesmo, aprender dos que convivem com ele. O *sensual* deverá ser prudente no relacionamento com pessoas do outro sexo, ser temperante nas refeições, proteger os sentidos externos. A pessoa *vaidosa* terá de gastar menos dinheiro com roupas e aparências, menos tempo mental com a impressão que causará nos outros; fugirá de ser o centro das conversas. A pessoa *impulsiva* terá de habituar-se a pensar antes de agir, a refletir antes de emitir a sua opinião, a dar continuidade às suas decisões, mesmo que o tempo passe e os frutos não apareçam.

Já percebemos por estes exemplos que, seja qual for a falha ou a tendência desviada do nosso modo de ser, se trata de ir na direção contrária para podermos chegar a um equilíbrio. Afinal de contas, é o que se faz com uma árvore que começa a inclinar-se perigosamente para um lado: põe-se uma estaca que a força na direção contrária, para que assim possa crescer reta e vigorosa.

Como a tendência da natureza humana ferida pelo pecado original é a de fugir ao que exige esforço, devemos concretizar muito bem esses pequenos atos de sacrifício, para não ficarmos só nos bons desejos. E pode até ser útil anotá--los, para repassá-los no exame de consciência antes de nos deitarmos ou em outros momentos do dia, e não deixar que caiam no esquecimento. Não são poucos os que elaboram uma pequena *lista de mortificações*, para serem vividas diariamente. Dessa forma, o grande desejo de seguir o exemplo de Cristo materializa-se em atos simples, acessíveis, frequentes, que ajudam a manter o espírito bem vivo e desperto.

Mas não basta saber *quais* são as mortificações que mais nos convêm. É necessário precisar *o lugar e momento* em que praticá-las. E isso depende das circunstâncias de cada um, das pessoas com quem nos relacionamos, numa palavra, das situações em que esse defeito dominante ou a ausência de uma virtude tende a manifestar-se. Até aí deve chegar o nosso bom propósito. Referindo-se à luta por crescer em caridade, São Josemaria Escrivá diz que se trata de vivê-la particularmente com as pessoas das nossas relações que mais nos incomodam pelo seu feitio, e não com o Preste João das Índias, uma figura envolta em brumas que nem se sabe se existiu[4]. Um propósito não localizado é uma mera intenção, não uma decisão;

---

(4) Cf. Josemaria Escrivá, *Entrevistas com Mons. Josemaria Escrivá*, Quadrante, São Paulo, 2016, n. 108.

não compromete, é como se não o tivéssemos feito.

Novamente a título de exemplo, poderíamos mencionar algumas dessas situações, que aliás nos pedem não uma só, mas um feixe de virtudes.

No âmbito do *trabalho*: manter a ordem na mesa e nas gavetas; chegar na hora certa e sair na hora certa; não dispersar-se com conversas fora de horas; não perder o tempo com a internet em assuntos alheios ao trabalho; não deixar nada a meio fazer; acolher com um sorriso os colegas e os clientes; falar educadamente ao telefone; não irritar-se interiormente com os chefes; não destratar os subordinados...

No *estudo*: começar pela matéria mais aborrecida; tomar notas nas aulas em que o professor não prende a atenção; não deixar o estudo para perto das provas; não largar os livros antes da hora marcada; estudar sem fundo musical; ceder os apontamentos a quem o peça razoavelmente; fazer dos colegas, amigos; respeitar os professores...

Em *casa*, acordar na hora certa; sorrir no café da manhã; evitar gritos; manter a ordem nas coisas pessoais e nos lugares de uso comum da família; adiantar-se a realizar tarefas desagradáveis; esperar o momento certo para corrigir um filho; evitar gastos em «necessidades desnecessárias»; não incomodar os outros com o volume do som; saber agradecer, elogiar, incentivar...

Nos *deslocamentos*: guiar o automóvel de forma serena; desculpar os apressadinhos; deixar passar outro carro ou um pedestre; ceder o lugar no ônibus ou no metrô; abster-se de fixar o olhar em cartazes ou pessoas...

Ainda se poderiam percorrer tantos outros âmbitos, como o *fim de semana*, as *festas*, os *compromissos sociais*, as *compras*, e tantas outras ocasiões..., para não dizer *todas*. Porque, em qualquer lugar e a qualquer hora, há mil pequenas oportunidades de submeter o «homem velho», que tende a arrastar-nos para baixo. Assim se entende que se tenha podido escrever: «A mortificação deve ser contínua, como o bater do coração»[5]. Acompanha-nos e chega a fazer-se conatural, imperceptível, como o bater do coração, que é sinal de vida, não de morte. Nem se repara, mas é ela que dá o tom a todos os nossos atos e palavras.

E é ela que nos fortalece o caráter e lhe dá têmpera para sabermos encarar serenamente quaisquer provas duras que a vida nos traga.

Ante a pergunta que Cristo nos faz a todos, como fez àqueles Apóstolos jovens e cheios de entusiasmo: *Podeis beber o cálice que eu hei de beber?*, que nós lhe respondamos o mesmo que eles responderam, sabendo que não nos pergunta por cruzes imaginárias, mas por essa

---

(5) Josemaria Escrivá, *Forja*, Quadrante, São Paulo, 2016, n. 518.

somatória de pequenas mortificações que acabamos de exemplificar: *Podemos* (Mt 20, 22).

MORTIFICAÇÃO DO CORPO E DA ALMA

«A pessoa humana, criada à imagem de Deus, é um ser ao mesmo tempo corporal e espiritual. [...] Portanto, o homem na sua totalidade é querido por Deus»[1]. A fé católica professa com firmeza que o ser humano se compõe de alma e corpo. A alma é imaterial e mais elevada que o corpo, mas somos humanos porque temos corpo também. O nosso destino eterno depende da conjugação de ambos. Por isso Cristo alertava: *Temei antes aquele que pode precipitar a alma e o corpo no inferno* (Mt 10, 28). Tanto a alma como o corpo são chamados por Deus a participar da felicidade eterna.

---

(1) *Catecismo da Igreja Católica*, n. 362.

Longe de nós os maniqueísmos que veem no corpo o lado mau do homem e o espírito como o único digno e merecedor de respeito. Buscamos a santidade na real conjugação que se dá entre corpo e espírito. Portanto, o bem da mortificação deve abranger um e outro, se queremos construir uma vida cristã equilibrada. É um outro ângulo sob o qual podemos ver este tema. Comecemos pelo que diz respeito às potências da alma, aos sentidos internos.

Mortificação interior

O jogador de golfe prepara-se para fazer a jogada mais importante da partida. A bola está no *green*, a dois metros do buraco... Toda a assistência faz silêncio. O jogador agacha-se, mede o declive, escolhe o taco, olha o buraco, torce o corpo, estica o braço e nesse momento... passa o trem na linha férrea a uns duzentos metros do campo. O jogador dá a tacada e acerta perfeitamente. Todos aplaudem e comemoram a grande vitória.

Mais tarde, o seu amigo comenta-lhe:

— Puxa! Pensei que você ia errar naquela hora em que passou o trem.

E o jogador:

— Trem? Que trem?...

Impressiona ver a capacidade de domínio e de controle interior que desenvolvem certas pessoas para alcançar a excelência em algum campo da realização humana. Mas se, ao invés de uma vitória esportiva, o que estiver em jogo for a vitória nos combates da alma, então justifica-se muito mais o controle do mundo interior que se alcança pela mortificação.

Quando se fala de *mortificação interior*, fala-se de um mundo riquíssimo que trazemos dentro de nós. Um mundo que nem sempre é fácil de dominar, e que, no entanto, é fundamental consegui-lo, porque disso depende que nos orientemos retamente para o fim que engloba todos os fins humanos: Deus.

A filosofia clássica distingue entre as potências superiores da alma — inteligência e vontade —, e as potências inferiores — imaginação e memória —, e em todas elas a mortificação deve exercer o seu papel de corretora de desvios e de meio para alcançar a integralidade do amor de Deus: *Amarás, pois, o Senhor teu Deus com todo o teu coração, com toda a tua alma, com todo o teu entendimento e com todas as tuas forças* (Mc 12, 30).

Seria penoso que se pudessem aplicar a nós aquelas palavras que a Escritura aplica melancolicamente a Salomão, quando passou do bom comportamento para a idolatria: *E o seu coração já não pertencia sem reservas ao Senhor, seu Deus* (1 Rs 11, 4). Seria uma pena que o nosso mundo interior se dispersasse ou se detivesse em mil pequenas ou grandes coisas, e assim perdesse de vista essa orientação fundamental do ser para Deus.

Mortificação da inteligência

Comecemos por considerar a *mortificação da inteligência*, que é a instância mais elevada da pessoa humana e a porta de entrada para o mundo interior.

É um reflexo maravilhoso do Criador na criatura. É ela que trabalha os dados tanto dos sentidos internos como dos externos. É ela que avalia e controla os movimentos das paixões, os primeiros impulsos, e os *racionaliza* para que sejam atos humanos e não apenas atos do homem. É a ela, ainda e sobretudo, que cabe conhecer a Deus, reconhecê-lo na criação, ver a sua imagem no bom, no belo, no justo, e, sob o influxo da graça, pelo livre assentimento ao dom da fé, aderir às verdades eternas, a toda a Revelação que culminou em Cristo.

Um bem e um instrumento tão poderoso corre o risco de perder-se ou desvirtuar-se na medida em que se julgue autônomo. Foi esse o pecado dos nossos primeiros pais, como bem sabemos: *Sereis como deuses*, disse-lhes o tentador. E eles sucumbiram. A partir de então, o homem carrega a tendência a julgar-se autossuficiente, a mostrar-se sempre seguro de si, a achar que a verdade é a *sua* verdade, a que ele pensa com o seu entendimento. E desse modo falseia o sentido de toda a sua existência. Considera-se o centro do universo, deus de si próprio.

Essa insanidade, no seu grau máximo, levaria à loucura. Em menor grau, leva à soberba que exalta o eu. Por isso, a primeira batalha neste capítulo da mortificação interior deve ser travada em combater as manifestações do orgulho: «O teu maior inimigo és tu mesmo», diz São Josemaria Escrivá[2]. Acompanha-nos por toda a parte: na vontade de aparecer; no desejo de não ficar mal, de justificar-se, de prevalecer, mesmo à custa de mentir, esconder e dissimular; no menosprezo pelos outros e na extrema susceptibilidade para tudo o que, real ou imaginariamente, afete a honra. É essa excrescência do eu que origina sentimentos baixos como a inveja, o

---

(2) Josemaria Escrivá, *Caminho*, n. 225.

ressentimento, as explosões de ira, o ódio, a vingança. Não acabaríamos de falar das desgraças que traz.

Vimos atrás exemplos de situações em que podemos mortificar essa tendência instintiva. A vida diária oferece-nos mil oportunidades: não querer louvores nem trabalhar por eles, deixar de citar-nos a nós mesmos, saber pedir e aceitar um conselho, prestar na vida de família serviços que passam despercebidos e ninguém agradece, reconhecer o mérito de um subordinado, aceitar as correções de um superior e tantas outras manifestações que cabe a cada qual descobrir.

Uma ocasião de ouro para avaliarmos até que ponto temos a inteligência mortificada é ver se aceitamos de bom grado que haja quem fale mal de nós. «Deixai que falem — dizia São Francisco de Sales —, pois não é senão uma cruz de palavras, uma tribulação de vento, e é possível também que os meus detratores vejam os meus defeitos melhor do que os que me amam, e assim, mais que nossos inimigos, são nossos amigos, pois cooperam para destruirmos o amor próprio»[3].

Mas faltaria um aspecto essencial à mortificação da inteligência se deixássemos de falar da necessidade de saber ceder nos *pontos de vista pessoais*. Diz São Paulo: *Cada um dentre vós que não tenha de si mesmo mais alto conceito do que convém; mas que pense de si sobriamente, conforme a medida da fé que Deus repartiu a cada um* (Rm 12, 3). Essa inclinação a valorizar-nos «mais do que convém» costuma manifestar-se no excessivo apego às ideias próprias, como se fossem a regra de todas as coisas, e que nos leva a pensar que estamos certos e todos os outros errados.

É preciso estarmos dispostos a ceder nas matérias de livre opinião, que não afetam a fé e a moral, sem pretender ter sempre a última palavra. Saber não

---

(3) Cit. em Vital Lehodey, *El Santo Abandono*, Rialp, Madri, 2005, p. 263.

apenas ouvir os outros, mas realmente «escutá-los», esforçar-se por captar as razões do nosso interlocutor. E ao falar, fazê-lo serenamente, o que suporá em não poucas ocasiões um grande autodomínio. Tê-lo-emos se habitualmente fugirmos das meras análises superficiais, da precipitação, se soubermos voltar atrás quando percebemos que nos enganamos e alegrar-nos quando nos fazem notar que havia uma falha no nosso raciocínio.

Quantas vezes uma conversa sobre a idade da filha da vizinha se transforma numa batalha campal por não termos sabido dominar o amor próprio e dizer: «Pode ser que eu esteja enganado»! Quantos braços-de-ferro na empresa teriam sido poupados se soubéssemos ouvir as razões da outra parte! Quantas conversas amistosas deixariam de acabar em discussões destemperadas e talvez em inimizade!

E, entrando num campo tremendamente mais importante, quantas pessoas se afastam da fé porque lhes falta a humildade de dizer: «Se a Igreja tem mais de vinte séculos, se goza da assistência do Espírito Santo, que lhe garante a verdade da sua doutrina, se conta com tantos santos e tantos sábios, o mais provável é que ela esteja certa e eu errado...», quer se trate da doutrina sobre os anticoncepcionais, ou sobre a fecundação artificial, ou as células embrionárias, ou o casamento como *união de um com uma para todo o sempre*, ou a necessidade de assistir à missa aos domingos...

«Pela fé — diz o *Catecismo da Igreja Católica* —, o homem submete completamente a Deus a inteligência e a vontade. [...] A Sagrada Escritura chama "obediência da fé" a esta resposta do homem a Deus que revela»[4]. E a obediência é fundamentalmente humildade. Por isso, uma das poucas coisas em que Cristo nos pediu expressamente que o imitássemos

---

(4) *Catecismo da Igreja Católica*, n. 143.

foi essa virtude: *Aprendei de mim, que sou manso e humilde de coração* (Mt 11, 29). A humildade é a virtude de Cristo, diz um autor espiritual[5].

Essa é a via direta para alcançá-la: aprender de Cristo. É necessário estudarmos as ocasiões em que mais resvalamos em matéria de orgulho, estar atentos, precaver-nos... Mas falharemos se, paralelamente, não fizermos um trabalho positivo de contemplação de Cristo pela oração. Por ela nos abismaremos no mistério do Verbo divino que, ao encarnar-se, *não se mostrou ávido de conservar a sua igualdade com Deus, antes se aniquilou a si mesmo, tomando a forma de servo e fazendo-se semelhante aos homens; e, na condição de homem, se humilhou, feito obediente até à morte, e morte de cruz* (Fl 2, 5-8).

Quem frequenta Cristo na oração, quem conversa na penumbra de uma

---

(5) Cf. Benedikt Baur, *A vida espiritual*, Quadrante, São Paulo, 2004, pp. 96-112.

igreja ou no seu quarto com Cristo escondido — Cristo «em agonia até o fim dos tempos» (Pascal), Cristo injustiçado que não abriu a boca, Cristo que morreu infamado, zombado, abandonado — não pode deixar de perder qualquer vontade de atrair as atenções, de contar vantagens, de justificar-se, de responder de má maneira. Ficará com mau sabor de boca se alguém o elogiar e, pelo contrário, alegrar-se-á se alguma vez não é compreendido ou é criticado, ignorado, menosprezado: terá *fome* dessas situações, geralmente raras.

Mortificação da língua

Por dentro, a solução de fundo é olhar para Cristo. Mas, por fora, há uma cautela que é o denominador comum das diversas maneiras de combater o orgulho: *o controle da língua*. Que aconteceria se fôssemos mudos? Teríamos eliminado grande parte das ocasiões em que sucumbimos aos impulsos do amor próprio. Como graças a Deus temos o dom da palavra, é para nós a advertência do Apóstolo Tiago, numas linhas que deveriam ser frequentemente meditadas:

Meus irmãos, não haja muitos entre vós que se arvorem em mestres [...]. Se alguém não cair pela palavra, esse é um homem perfeito, capaz de refrear todo o seu corpo. Quando pomos o freio na boca dos cavalos, governamos também todo o seu corpo. Vede também os navios: por grandes que sejam e embora agitados por ventos impetuosos, são governados com um pequeno leme à vontade do piloto. Assim também a língua é um pequeno membro, mas pode gloriar-se de grandes coisas. Considerai como uma pequena chama pode incendiar uma grande floresta. Também a língua é um fogo, um mundo de iniquidade [...]. Com ela bendizemos o nosso Pai Deus, com ela amaldiçoamos os homens, feitos à semelhança de Deus. De uma mesma boca procedem a bênção e a maldição.

Não convém, meus irmãos, que seja assim (Tg 3, 1-10).

Pelo domínio da língua, evitamos muitas ocasiões de vangloriar-nos e de não nos lamentarmos interiormente «desse mau sabor na boca que te faz sofrer depois de muitas das tuas conversas»[6]. Diz São Josemaria: «De calar, não te arrependerás nunca; de falar, muitas vezes»[7]. E de forma rotunda: «Não faças críticas negativa: quando não puderes louvar, cala-te»[8].

Utilizar esse maravilhoso instrumento, que é o falar, de uma forma que agrade sempre a Deus, é o meio de debilitar a soberba na sua raiz, cortando os seus brotos. Trata-se de praticar um espírito de contínuo autodomínio, pois são constantes as tentações de nos deixarmos levar

---

(6) Cf. Josemaria Escrivá, *Caminho*, n. 646.

(7) *Idem*, n. 639.

(8) *Idem*, n. 443.

pela língua. Vai desde conter o comentário sobre o modo de vestir da cunhada até aquela piadinha sobre a peruca do chefe, desde silenciar sobre uma fraqueza alheia, até não silenciar sobre quem comeu aqueles últimos cinco bombons da caixa: «Fui eu»; desde ter aquela palavra animadora quando a esposa arriscou um corte de cabelo mais audaz, até silenciar sobre o carro do vizinho que parece o candidato mais próximo ao ferro--velho. Tudo isso é ótimo — e difícil — exercício do espírito. Esperemos que não tenha de acontecer conosco o que certa pessoa me dizia de si: «Quando eu morrer, o padre vai ter que abençoar dois caixões; um para o meu corpo e outro para a minha língua»...

Mortificação da curiosidade

Outro âmbito prático do domínio da inteligência é a *mortificação da curiosidade*.

Tudo o que aumenta os nossos conhecimentos em si mesmo é bom, mas pode desajustar-se e então deve ser corrigido. Existe uma curiosidade sadia, um desejo reto de conhecer mais profundamente a realidade, porque afinal as criaturas tornam manifestas as perfeições divinas: *Os céus narram a glória de Deus e o firmamento anuncia as obras das suas mãos* (Sl 18, 2).

Mas o bom desejo de saber pede um constante exercício da mortificação, porque pode dificultar a concentração naquilo que nos deve ocupar principalmente. A má curiosidade leva à dissipação da mente, à frivolidade, e pode chegar a converter-se numa grande inimiga da alma, na medida em que, enchendo-a de «bugigangas», introduz o barulho no nosso interior, impedindo-lhe o sossego de espírito necessário ao diálogo com Deus no meio das tarefas do dia-a-dia.

Curiosidade sobre a vida alheia, sobre assuntos que não nos dizem respeito, sobre o que se passa na vizinhança ou nos outros departamentos da empresa, leitura ávida sobre assuntos mórbidos, escandalosos ou pouco exemplares, incursões pelos noticiários de crimes do jornal, *blogues* sobre tudo e todos, entrevistas, revistas chamadas de «atualidades» que se alimentam de fofocas sobre a vida privada na alta sociedade ou no mundo dos artistas, tudo isso que enxameia a *mídia*, são meios que sobrevivem graças à curiosidade sem freio de tantos. Temos de procurar comportar-nos com fortaleza para não cair nessa preocupação obsessiva por «estar a par de tudo».

Quem seleciona as fontes dos seus conhecimentos está em condições, não apenas de não enxovalhar-se, ou deprimir-se, ou encher-se de vazio, mas de arrumar tempo para leituras que melhorem a sua cultura geral, para informar-se dos problemas da esposa e dos filhos, para saber dos amigos e cultivar uma amizade... e sobretudo disposição para uns minutos de reflexão — de oração! —, impossível para quem se alimenta de sensações:

«Distrair-te. — Precisas distrair-te... abrindo muito os olhos, para que entrem bem as imagens das coisas, ou fechando-os quase por exigências da tua miopia...

«Fecha-os de todo! Tem vida interior, e verás, com cor e relevo inesperados, as maravilhas de um mundo melhor, de um mundo novo: e terás intimidade com Deus..., e conhecerás a tua miséria..., e te endeusarás..., com um endeusamento que, aproximando-te de teu Pai, te fará mais irmão dos teus irmãos, os homens»[9].

Mortificação da vontade

Como um resumo da sua missão, Jesus Cristo dizia: *Meu alimento é fazer a vontade daquele que me enviou* (Jo 4, 34). Assim também deveriam poder ser resumidos os esforços da nossa vida: com a

_____

(9) *Idem*, n. 283.

ajuda do Espírito Santo, identificar cada vez mais a nossa vontade com a Vontade divina.

A vontade foi-nos dada por Deus, não para que façamos o que nos apetece, mas para que, vendo como bons filhos os desejos de Deus nosso Pai, levemos a vontade própria a realizá-los por uma opção livre.

Falar da vontade de Deus a nosso respeito não é, pois, remeter para uma utopia nem é um recurso de linguagem. Não se situa no campo das ideias ou do sentimento, mas das obras, da conduta, e manifesta-se pela adequação da vida aos Mandamentos e ao convite dirigido por Cristo a todos os que queiram segui-lo: *Sede perfeitos como meu Pai celestial é perfeito* (Mt 5, 48). Vontade divina e vontade humana: esta, se quiser ser perfeita, se quiser ser santa, deve ser um eco, um traslado da Vontade divina. Como é possível? Até que ponto?

Existe para isso uma regra de ouro: «Queres de verdade ser santo? — Cumpre o pequeno dever de cada momento; faz o que deves e está no que fazes»[10].

Aqui estamos num terreno sólido e bem concreto. A Vontade divina deve ser buscada nas obrigações que tomam o nosso dia. É cumpri-las pontualmente, de modo acabado: sem fugas, sem adiamentos, sem derivações para outras tarefas que talvez nos sejam mais agradáveis. Sabemos por experiência que só poderemos consegui-lo se tivermos uma vontade forte que caminhe de frente para o trabalho e não trapaceie nem finja. Não aconteça conosco o que se conta daquele homem que, quando voltou de férias, teve que ouvir do chefe: «Tentamos pôr alguém no seu lugar, mas ninguém conseguiu descobrir o que o senhor faz». É apenas uma piada, mas podemos pensar quantas vezes a preguiça nos faz inventar ou fingir motivos para adiar as coisas. Aí entra o espírito de mortificação, que impede de tergiversar, de «repensar» o

(10) *Idem*, n. 815.

que se decidiu, que é meio caminho para não fazer: «O que é preciso fazer, faz-se...» Sentença taxativa e dura, mas a única maneira de não fugir pela porta falsa das vacilações, que são covardias, quer se trate de uma revisão de contas demorada, da preparação de uma aula, do cardápio do almoço, ou de dar comida aos passarinhos.

Mas também se pode deixar de «fazer o que se deve» por ter muito que fazer, caindo no *ativismo*. Na atividade desenfreada e dispersa também há falta de espírito de sacrifício. Com o seu típico humor inglês, o autor de *Alice através do espelho* retrata essa realidade numa cena que se tornou emblemática.

Alice está numa terra desconhecida e encontra-se com uma Rainha de xadrez que a leva pela mão numa corrida maluca. Só que elas sempre ficam no mesmo lugar, junto a uma árvore. Trava-se então o seguinte diálogo:

«A Rainha recostou-a contra uma árvore e disse-lhe gentilmente: "Podes descansar um pouco agora".

«Alice olhou ao seu redor, muito surpresa. "Ora, eu diria que ficamos sob esta árvore o tempo todo! Tudo está exatamente como era!"

«"Claro que está — disse a Rainha —. Esperava outra coisa?"

«"Bem, na *nossa* terra" — disse Alice, ainda arfando um pouco —, "geralmente você chegaria a algum outro lugar... se corresse muito depressa por um longo tempo como fizemos".

«"Que terra tão pachorrenta!" — comentou a Rainha —. "Pois *aqui*, como vê, você tem de correr o mais que *pode* para continuar no mesmo lugar. Se quiser ir a alguma outra parte, tem de correr no mínimo duas vezes mais depressa!"»[11]

Parece retratar bem a correria maluca de tantas e tantas pessoas na nossa época que acabam ficando no mesmo lugar. Não

---

(11) Lewis Carroll, *Alice através do espelho*, cap. 2.

devemos cair nesse ativismo desenfreado que é desordem e — por estranho que pareça — denota pouco espírito de sacrifício. Não se quer fixar a vontade no que realmente convém fazer e de que forma seria mais razoável fazê-lo... A boa mortificação seria parar alguns segundos essa correria maluca, para refletir sobre os passos a dar, rever metas, ordenar as tarefas e assim poder fazer tanto ou mais coisas com serenidade.

A purificação da vontade consiste em limpá-la da escória do comodismo. E um meio eficaz para consegui-lo é a segunda parte do conselho que vimos acima: «estar no que se faz». Isso significa, além de entregar-se de corpo e alma ao que se faz, ter presente a *intenção* com que se faz. Quanto mais pura e nobre for a intenção, mais o exercício de reavivá-la ajuda a começar e a persistir numa tarefa que não é do nosso gosto. Que a razão de ser do vestir elegantemente seja viver a caridade com os outros, e não uma mera vaidade de atrair os olhares e as atenções. Que o motivo da correção que fazemos a um filho ou a um subordinado seja realmente formá-lo e ajudá-lo, não um momento de autoafirmação. Enfim, que a razão última de «caprichar» no cumprimento de um dever custoso seja agradar a Deus, que *vê o que se passa em segredo* (Mt 6, 4) e em segredo nos recompensa, mesmo na terra. Tudo isso exige mortificação da vontade, de uma vontade que, à força de negar-se ao capricho e à indolência, se torna uma *vontade forte*.

Mortificação dos apegamentos

Para identificar a vontade própria com a Vontade divina, é indispensável ainda a luta por evitar qualquer *apegamento* aos bens criados: «Um coração que ame desordenadamente as coisas da terra está como que preso por uma corrente, ou por um "fiozinho sutil", que o impede de voar para Deus»[12].

---

(12) Josemaria Escrivá, *Forja*, n. 486.

Parte dessa liberdade dá-se pelo *desprendimento dos bens materiais*. Tal como diz o Salmo (62, 11): *Se as vossas riquezas aumentarem, não ponhais nelas o coração*. Boa mortificação interior é não deixar-se vencer pela voracidade do consumismo. Dá repugnância reler uma caricata crônica de Paris, publicada num jornal há algum tempo:

«Hoje fui fazer a ronda das boutiques. Comprei dois jeans Cavalli, leggins na Colisée de Sacha e um paletó Barbara Bui, mais toda a vitrine da Paul and Joe, uma calça Joseph, um par de sapatos Prada e, na Dior, uma vigésima bolsa, a carteira combinando e óculos tipo Ray-ban; até comprei pochete Fendi monogramada que nunca vou usar, a não ser aos domingos para ir ao cinema.

«Esta noite tenho quatro jantares, mas todos eles são mais ou menos um "saco" de ir, de forma que não sei o que fazer: estou com vontade

113

de ir ao Market, o novo ponto de Jean-Georges, mas deu-me vontade também de comer uns sushis, porém não no Nobu, e quero beber doses de vodca com malabar rosa, que só são preparadas no Zo e no Bindi, e por que não um frango com coca-cola? Em qualquer caso, se ouvir um criado dizer "está saindo" em vez de "imediatamente", sou capaz de cometer um assassinato»[13].

Saltar de gosto em gosto, de satisfação em satisfação pode preencher uma vida, mas não a realiza. Pôr o coração nas coisas materiais e só no que se relaciona com elas torna a vida pesada e difícil de conduzir. Quando prioriza o corpo ou se limita ao que o satisfaz, o ser humano animaliza-se. Pelo contrário, a soltura de coração dá uma leveza à

---

(13) Lolita Pille, *Hell Paris 75016*, Intrínseca, Rio de Janeiro, 2003; cit. em *O Estado de São Paulo*, 13.12.2003, pág. D3.

alma que a permite voar em direção aos outros e a Deus.

Só dessa perspectiva se podem entender aqueles versos de São João da Cruz que para muitos são totalmente desconcertantes, mas, para quem os olha com a «lógica de Jesus Cristo», são maravilhosos:

Para chegares a saborear tudo, não queiras ter gosto em coisa alguma. Para chegares a possuir tudo, não queiras possuir coisa alguma. Para chegares a ser tudo, não queiras ser coisa alguma. Para chegares a saber tudo, não queiras saber coisa alguma[14].

Mas podemos ir um pouco além, pensando que devemos estar desprendidos também da *saúde* e do *bem-estar físico*. Claro está que devemos pôr os meios

---

(14) São João da Cruz, *Subida do Monte Carmelo*, 1, 13.

normais para estar sadios e para descansar; mas se alguma vez chega uma doença que não podemos evitar, não devemos preocupar-nos. Deus quer então que o sirvamos dessa maneira: com pouca saúde, por meio da doença. Já tratávamos deste tema ao falar das mortificações passivas, mas convém acrescentar aqui a postura de *desprendimento do coração* com relação ao bem-estar físico.

Às vezes, não poderemos descansar como gostaríamos, porque as necessidades são muitas. O trabalho, a atenção devida aos filhos, os compromissos de todo o gênero ou outras obrigações impedem-nos de ter o descanso que desejaríamos ou da forma que quereríamos. Trata-se então de não nos deixarmos dominar pelo vitimismo, que talvez ensombrecesse o nosso coração achando que «só nós trabalhamos tanto...», «ninguém nota o esforço que eu tenho que fazer...» Na realidade, são muitos os que têm de sacrificar-se de forma semelhante e não encontram amparo no dom da fé. Nós devemos agradecer esse dom, que nos permite descobrir no *peso do dia e do calor* (cf. Mt 20, 12) uma oportunidade de oferecer a Deus um sacrifício que lhe é imensamente grato.

Mortificação da imaginação

Jesus Cristo era muito imaginativo. Basta pensar na originalidade das parábolas. Cativavam, entretinham, ensinavam, e são válidas até hoje: o bom samaritano, o filho pródigo, a ovelha perdida... São histórias maravilhosas, criativas, originais...

Se Cristo era imaginativo e tudo que fazia era bom, isso significa que *a imaginação é boa*. É uma boa potência do ser humano. É uma faculdade humana que conserva, reproduz e elabora as sensações externas. Tudo o que nós conhecemos vem através dos sentidos; coisas que ouvimos, coisas que vemos, sensações que temos... A imaginação conserva e liga os diversos dados que recebemos pelos sentidos.

Está a meio caminho entre a sensação e a inteligência. Sem ela, as sensações seriam *desconexas:* não se conseguiria ligar a imagem do caju com o sabor do caju. Sem ela, a inteligência seria *só conceitual:* o bem, o mal, o grande, o branco. Não seríamos humanos. A inteligência tem o conceito de relógio que é aplicável a qualquer tipo de relógio (quartzo, sem mostrador, cronômetro); a imaginação representa um relógio com fundo branco e ponteiros dourados.

Mas não podemos perder de vista que essa poderosa faculdade humana pode ser também um obstáculo: quando nos dispersa, quando traz imagens inconvenientes, quando afasta da realidade... Não se deve perder de vista o que diz Santa Teresa de Jesus: que «a imaginação é a louca da casa». Por isso, é natural que tenhamos de purificá-la pela mortificação interior. Não como se fosse uma malvada que deva ser punida e abafada — Santa Teresa era muito imaginativa —, mas no sentido de aliviá-la de tudo o que a possa impedir de um são exercício.

Terá de ser dominada quando gera coisas *irreais e ruins*: «Será que essa pequena mancha é um câncer... e, se for, o que vai acontecer comigo? E se eu ficar desempregado, como vou sustentar a minha família? Será que vou conseguir ser fiel ao meu casamento toda a vida?...» A imaginação pode criar uma infinidade de situações ruins que provavelmente nunca se darão na realidade, mas que tornam a vida impossível no presente. Entra em jogo, então, a mortificação interior, que afasta esses fantasmas e nos traz de volta para a realidade da vida, com as suas coisas boas e os seus problemas reais.

A imaginação pode dificultar a *objetividade* na análise dos fatos ou das pessoas. É clássica a história de um autor chinês do século III antes de Cristo, Li Bu We. Um homem tinha perdido o seu machado. Suspeitava do filho do vizinho. Observava a sua maneira de caminhar: era o andar de um ladrão de machados;

as suas feições: tinha a cara de um ladrão de machados; as suas palavras: as de um ladrão de machados... Por mero acaso, ao desfazer uma pilha de lenha, encontrou o machado que tinha perdido. No dia seguinte, viu passar o filho do vizinho, e então os movimentos e todo o modo de ser do rapaz já não se assemelhavam aos de um ladrão de machados. Mas o filho do vizinho não tinha mudado: ele mesmo é que tinha mudado. Quantas vezes o nosso modo de ver certas pessoas é muito subjetivo, porque damos largas à imaginação, desfigurando os fatos e dando cabida a pensamentos e atitudes injustos ou impiedosos!

A imaginação tem, pois, que ser expurgada para ser redirecionada, *educada*. São muitos os autores que acusam a nossa época de «decadência imaginativa», porque na televisão tudo já vem muito feito, muito digerido, com pouco espaço para a imaginação. Os *games* são elogiados pelo realismo e deixam muito pouco espaço à imaginação. Os programas de computador já trazem tudo resolvido; basta que você clique no lugar certo. O diálogo pessoal nas famílias está em declínio porque pais e mães trabalham muito e não acham tempo nem disposição para ler ou contar aos filhos pequenos episódios históricos, as grandes aventuras do espírito humano, etc., que lhes despertem sadiamente a imaginação.

O livro de um grande economista que trata do milagre de expansão econômica no Japão nos anos 60 expõe a tese de que uma causa muito importante para esse sucesso era que os avós japoneses contavam muitas histórias aos seus netinhos... E nos perguntamos: o que tem isso a ver com o progresso econômico? Tudo: diz esse autor que a imaginação leva a soluções. Pela imaginação bem educada e bem desenvolvida, podem-se encontrar soluções criativas para os mais diversos problemas.

Um campo maravilhoso para o exercício da boa imaginação é o do relacionamento com Deus. Por mais que imaginemos o amor de Deus por nós, sempre ficaremos aquém da realidade: Ele ama-nos como o melhor dos pais e a melhor das mães: *Pode uma mãe esquecer- -se do fruto do seu ventre? Mas mesmo que ela se esqueça, Eu não me esquecerei de ti* (Is 49, 15). Abre-se assim à nossa imaginação um mundo em que se proje- ta e se amplia sem medida o mundo da experiência humana. E, bem explorado com a imaginação, esse mundo enrique- ce os nossos dias. Imaginamo-nos nos braços de Deus como filhos pequenos e fazemos nossa a oração tonificante de quem rezava assim: «Meu Deus, entrego- -me a Ti, refugio-me em Ti. Atira-me ao ar, como faz um pai ao brincar com o seu pequenino, e a seguir acolhe-me em teus braços e transforma a minha ca- ra de susto em risada de alívio e felici- dade, de segurança e paz».

Imaginação para «preencher as la- cunas» do Evangelho. Que se passou durante os trinta anos da vida oculta de Jesus em Nazaré, além do episódio do

Menino-Deus perdido e achado no Templo? «Anos de sombra, mas, para nós, claros como a luz do Sol»[15], se os soubermos projetar na nossa trivial vida diária: Jesus que cresceu em idade e sabedoria diante de Deus e diante dos homens, que brincou, que obedeceu a Maria e José, que trabalhou e descansou, que contemplou as flores do campo e as aves do céu, que permaneceu em diálogo de amor com o Pai que o queria numa vida escondida até o momento de iniciar a vida pública... E depois, temos de transportar-nos para as cenas da pregação, dos milagres, e ser «protagonistas» delas, pedir ao Senhor que nos cure desta ou daquela lepra, que nos devolva a vista e a própria vida, se tivermos morrido pelo pecado, que nos socorra no meio das tempestades que varrem a nossa existência, que encha de eficácia as redes do nosso dever de cada dia, no trabalho e na família. E aceitar

_____

(15) Josemaria Escrivá, *É Cristo que passa*, n. 14.

serenamente as contrariedades, que são a maneira de não deixarmos que Jesus carregue sozinho a cruz a caminho do Calvário. E, quando Deus quiser, e onde e como quiser, que Ele nos espere — ressuscitado — na margem do lago, às primeiras luzes da aurora que não terá ocaso, no abraço sem fim do Pai, do Filho e do Espírito Santo.

Mortificação da memória

Pela *memória*, reapresentam-se no nosso mundo interior os fatos e conhecimentos do passado. Pela memória, somam-se as experiências. Sem memória, não progrediríamos.

Um médico neurologista contava, num livro sobre casos marcantes, o de um homem que havia perdido a memória. Só se lembrava de coisas até os vinte anos — tinha então uns cinquenta —, mas de nada que se tivesse passado nem mesmo meia hora ou dez minutos antes. Sempre que estava com o médico, não o reconhecia e apresentava-se como se fosse a primeira vez.

O médico pensava como seria a vida daquele homem que deixara de somar história, e chegou a perguntar, brincando, às freiras do hospital, se achavam que o paciente tinha alma. Elas entenderam o porquê da pergunta e disseram-lhe:

— É que o senhor não o viu assistindo à missa.

Foi observar o doente na capela e ficou emocionado, porque o viu perfeitamente concentrado e comungando com toda a devoção.

Aquele médico percebeu então que a memória não armazena apenas ocorrências, mas valores profundos que permanecem, mesmo que a memória não retenha dados novos[16].

Infelizmente, a memória pode também armazenar coisas ruins, cuja lembrança

_____

(16) Cf. Oliver Sacks, *O homem que confundiu a sua mulher com um chapéu*, 7ª ed., Companhia das Letras, São Paulo, 2003, p. 53.

estorva, amargura e tira a paz. Seria uma pena que se guardasse por longo tempo aquela mágoa, que se ficasse recordando aquele momento triste da vida ocorrido há tantos anos, que voltassem recordações pecaminosas... Percebe-se facilmente a necessidade da mortificação, para saber pôr de parte o que não presta, o que deve ser incinerado e apagado dessa faculdade humana.

O demônio pode aproveitar-se da nossa fragilidade para, servindo-se da memória, afastar-nos de Deus. Tal como diz São João da Cruz:

> «Eu quereria que aqueles que desejam ter vida interior entendessem de uma vez por todas quanto dano lhes causam os demônios na alma por meio da memória, quando fazem muito uso dela; quantas tristezas e aflições e alegrias vãs os fazem ter [...] e quantas impurezas lhes deixam arraigadas no espírito. Além disso, costumam distrair do verdadeiro recolhimento, que

consiste em pôr toda a alma, segundo as suas potências, no único Bem incompreensível, e tirá-la de todas as coisas apreensíveis»[17].

O verdadeiro modo de «reciclar» esses resíduos memorizados, escórias do amor próprio outrora ferido, da sensualidade, de agravos antigos que geraram rancores, é juntá-los todos globalmente — sem descer a detalhes — para pedir perdão a Deus, para voltar a perdoar e rezar pelos que nos ofenderam ou prejudicaram. Assim a memória se purifica da ganga do passado, retendo dele a nossa condição de pecadores, sempre necessitados da misericórdia divina:

Tende piedade de mim, meu Deus,
segundo a vossa bondade,
e conforme a imensidade da vossa
misericórdia,

---

(17) São João da Cruz, *Subida do Monte Carmelo*, 3, 4, 2.

apagai a minha iniquidade.
Lavai-me por inteiro da minha falta
E purificai-me do meu pecado [...].
Eis que nasci na culpa,
e minha mãe me concebeu em pecado.
Mas Vós amais a sinceridade do coração;
infundi-me, pois, a sabedoria no mais
íntimo de mim.
Aspergi-me com um ramo de hissope e
ficarei puro;
lavai-me e me tornarei mais branco que
a neve.
(Sl 50)

Se tiverdes em conta as nossas culpas,
Senhor,
Senhor, quem permanecerá de pé?
Mas em Vós se encontra o perdão dos
pecados,
para que vos temamos.
Espero em Vós, Senhor.
A minha alma confia na vossa palavra;
a minha alma anseia pelo Senhor,
mais que as sentinelas pela aurora.
(Sl 130)

Deus, *rico em misericórdia*, perdoa-nos e pede-nos, em contrapartida, que nós também saibamos perdoar e esquecer os agravos que nos fizeram, como rezamos no Pai-Nosso. É um esquecimento que purifica a memória.

O esforço por mortificar a memória deve levar-nos ainda a uma tarefa positiva: que o nosso mundo interior esteja povoado da recordação frequente dos benefícios que Deus nos concede sem parar, e que o nosso coração se eleve a Ele numa contínua ação de graças:

Celebrai o Senhor, aclamai o seu nome.
Apregoai entre as nações as suas obras.
Cantai-lhe hinos e cânticos.
Anunciai todas as suas maravilhas [...].
Recordai as maravilhas que operou,
os seus prodígios e as sentenças da sua
boca.
(Sl 104)

Louvai o Senhor porque Ele é bom,
porque a sua misericórdia é eterna.

Quem contará os poderosos feitos do
Senhor?
Quem poderá apregoar os seus louvores?
(Sl 105)

Quem vê habitualmente a sua vida cumulada de favores de Deus e lhos agradece, cultiva também uma disposição de agradecimento aos homens, que são instrumento de Deus, e só conserva deles, na sua memória, sentimentos de afeto e gratidão.

Mortificação do corpo

Dizíamos páginas atrás que, hoje em dia, parece difícil entender que se tenha de mortificar o corpo. Lê-se nas vidas dos santos que São Jerônimo dormia sobre o chão..., que o Cura d'Ars se alimentava frugalmente e dormia muito poucas horas por noite..., e parecem-nos coisas «folclóricas», coisas de tempos antigos que não se aplicam mais aos que estamos no terceiro milênio. E, no entanto, é preciso dizer que a natureza humana permanece a mesma de há tantos séculos. Os nossos pontos fracos são semelhantes aos do século primeiro; os nossos tropeços, muito semelhantes aos que narram os gregos de cinco séculos antes de Cristo; os pecados capitais de hoje, os mesmos da Idade Média. «Para defender a sua pureza, São Francisco revolveu-se na neve, São Bento jogou-se num silvado, São Bernardo mergulhou num tanque gelado... — Tu, que fizeste?»[18]

Tu, que fizeste? Ou será que o nosso corpo não experimenta as mesmas apetências desgovernadas que esses santos dos séculos V, XII e XIII?

Conosco não há de ser diferente, se queremos realmente ser cristãos.

«Trata o teu corpo com caridade, mas não com mais caridade que a que se tem com um inimigo traidor»[19]. Não

---

(18) Josemaria Escrivá, *Caminho*, n. 143.

(19) *Idem*, n. 226.

negamos o valor e o sentido positivo do corpo; mas, ao mesmo tempo, o corpo é também inimigo e traidor. Aquele que se empanturrou numa festinha de aniversário, aquele que chega tarde ao trabalho por ter ficado preso à cama, aquele que enfrenta uma ressaca depois de um *happy hour*, que não foi tão *happy* assim..., todos esses entendem bem, sem demasiadas filosofias, que o corpo é também inimigo e traidor. Convém, portanto, que tenhamos, entre as nossas mortificações habituais, algumas que digam respeito ao corpo. Lembremo-nos do que diz a sabedoria popular: «Ou conduzo o asno ou o asno me conduz».

Mortificar o sentido da *visão*, não olhando por curiosidade para algo que nos chama a atenção, mas não nos acrescenta nada: a manchete sensacionalista de um jornal de segunda categoria, os movimentos dos vizinhos do prédio em frente, o recado que está na mesa da colega de trabalho... A *audição*, desligando o rádio do carro para pensar na conversa a ter com um filho ou para rezar o terço, não esticando o ouvido para inteirar-se da fofoca que está contando a pessoa do banco da frente no ônibus, ouvindo com cara amável os gritos da avó que esqueceu o aparelho de surdez... O *tato*, procurando manter o corpo menos esparramado no sofá ao assistir à televisão... O *olfato*, quando visitamos um doente num hospital público ou vamos a uma favela para um serviço voluntário... O *paladar*, não «beliscando» fora de horas, não tomando mais um cafezinho naquela tarde, comendo sem reclamar o arroz que ficou um pouco ressequido ou grudento...

Um detalhe de luta contra a moleza do corpo é levantar-se pontualmente. Dizia São Francisco de Sales que «levantar-se de manhã contribui para a saúde e para a santidade»[20]. E um jornalista que entrevistou João Paulo II, falando

---

(20) São Francisco de Sales, *Introdução à vida devota*, 200.

a respeito do dia do Papa, menciona: «Levanta-se às cinco e quarenta e cinco, *não muito facilmente*, diz ele»[21]. Quem não transige nessa primeira batalha do dia ganha um treino que lhe facilita o cumprimento exato e pontual dos sucessivos deveres que o esperam ao longo da jornada. Parece brincadeira, mas custa!

E esse pequeno custo, quando vencido, ajuda-nos a enfrentar com garbo algo muito importante: a *dor* física. Pondo os meios razoáveis para que essa dor passe, devemos saber aceitá-la enquanto não passa: é a afta, o súbito torcicolo ou a dor na coluna, o enjoo da gravidez, a queimadura por encostar a mão numa panela quente, o ter de trabalhar com febre, o dar atenção aos netos apesar da pressão baixa... Essas «alfinetadas» da vida, acolhidas com ânimo positivo, vão formando o caráter forte que hão de ter os filhos

---

(21) André Frossard, *'Não tenham medo': diálogo com João Paulo II*, Ediouro, Rio de Janeiro, 2005, p. 96.

de Deus. E, quem sabe, podem ser uma maravilhosa sugestão para atos de enorme poder diante dEle.

Que grande percepção tiveram aqueles três pastorinhos em Fátima!

«Caminhavam os três pequenos pela estreita rua de Aljustrel, entretidos a conversar sobre os acontecimentos, quando Lúcia viu no chão um rolo de corda grossa. Apanhou-o descuidadamente. Ui! A aspereza da corda arranhou-lhe o braço. Teve uma ideia.

«— Olhem: isto faz doer! Podíamos atá-la à cintura e oferecer a Deus este sacrifício.

«Dividiram-na imediatamente, e cada uma das crianças ficou com um pedaço para trazê-lo à cintura, sobre a pele. Dia e noite usavam com gosto esse cilício improvisado, embora lhes escoriasse a pele e por vezes as impedisse de conciliar o sono em toda a noite. Que valia a saúde, comparada com a felicidade de livrar almas do inferno?

E que era o bem-estar corporal ante as alegrias eternas do Céu?»[22]

Foi com esse sentido penitencial que surgiram *mortificações corporais* como o jejum, o cilício, as disciplinas, o dormir sobre tábuas, etc. Quando uma alma quer ter verdadeira vida cristã, e percebe a gravidade do pecado, sente a necessidade de que também o corpo participe do processo purificador que nos assemelha a Jesus Cristo. E quando alguns argumentam que essas penitências poderiam fazer mal à saúde do corpo, talvez venha a propósito lembrar-lhes aquela conhecida história que se passou quando Urbano V quis mitigar os rigores da regra dos cartuxos, por considerar excessiva a austeridade em que viviam. Os monges pediram-lhe que não a suavizasse e, para demonstrar-lhe que não prejudicava a saúde, enviaram-lhe uma comissão de

---

(22) William Thomas Walsh, *Nossa Senhora de Fátima*, p. 141.

vinte e sete cartuxos, em que o mais jovem tinha oitenta e oito anos...

Na sua mensagem para a Quaresma de 2009, o papa Bento XVI recomendou vivamente a prática do jejum:

«Podemos perguntar que valor e que sentido tem para nós, cristãos, privar-nos de algo que seria em si bom e útil para o nosso sustento. As Sagradas Escrituras e toda a tradição cristã ensinam que o jejum é de grande ajuda para evitar o pecado e tudo o que a ele induz. Já nas primeiras páginas da Sagrada Escritura o Senhor manda que o homem se abstenha de comer o fruto proibido. [...] Comentando essa ordem divina, São Basílio observa que "o jejum foi ordenado no Paraíso" e que "o primeiro mandamento nesse sentido foi dado a Adão" (*PG* 31, 163, 98). Dado que todos estamos entorpecidos pelo pecado e pelas suas consequências, o jejum é-nos oferecido como um meio para restabelecer a amizade com o Senhor [...]. O verdadeiro jejum tem por fim, portanto, comer o "verdadeiro alimento", que é fazer a vontade do Pai (cf. Jo 4, 34). Se Adão desobedeceu ao mandamento do Senhor de "não comer o fruto da árvore da ciência do bem e do mal", o crente, com o jejum, deseja submeter-se humildemente a Deus, confiando na sua bondade e misericórdia.

«Nos nossos dias, a prática do jejum parece ter perdido um pouco do seu valor espiritual e adquirido antes, numa cultura marcada pela busca da satisfação material, o valor de uma medida terapêutica para a cura do próprio corpo. Jejuar é sem dúvida bom para o bem-estar, mas para os crentes é em primeiro lugar uma "terapia" para curar tudo o que os impede de se conformarem com a vontade de Deus».

É evidente que tais penitências têm de ser feitas com moderação e senso comum. E, principalmente, nunca se devem fazer sem antes consultar o diretor espiritual e receber dele uma autorização explícita. E, ao fazer essa consulta, talvez se receba uma resposta como a que deu São Josemaria Escrivá, segundo conta um dos que depuseram no seu processo de canonização:

«Algumas vezes, falava-me de mortificações e penitências concretas que os seus filhos viviam com naturalidade, mas ao mesmo tempo sublinhava a importância das coisas aparentemente pequenas. Um dia, contou-me que um deles, que era muito desordenado, lhe pediu permissão para fazer uma mortificação corporal especialmente dura, oferecendo-a por uma nova vocação, e o Padre disse-lhe: Arrume primeiro o seu armário, e depois veremos...»[23]

---

(23) Depoimento do Pe. Sancho, O.P., em *Testimonios sobre el fundador del Opus Dei*, Palabra, Madri, 19, p. 78.

Penitências corporais mais exigentes? Por que não? Mas talvez seja melhor olharmos primeiro para o estado do nosso armário, ou para o modo como tratamos as pessoas da família, ou para a pontualidade no cumprimento do dever profissional... É provável que seja isso o que Deus esteja querendo nesse momento, antes daqueles outros sacrifícios que, por parecerem «maiores», poderiam ser apenas ocasião de arrogância espiritual, esquecendo o maravilhoso valor do que é pequeno, escondido, silencioso e... constante.

Mortificação do coração

Corpo e alma, sentidos externos e sentidos internos... Todos eles confluem numa palavra que lemos constantemente nos textos sagrados e que resumem a unidade do ser humano, simultaneamente matéria e espírito: *o coração*. A ele chegam as sensações, dele partem as reações. É a porta por onde entram e saem as coisas boas e as coisas ruins.

Jesus Cristo adverte-nos: *Do coração saem os maus pensamentos, os homicídios, os adultérios, as fornicações, os furtos, os falsos testemunhos, as blasfêmias* (Mt 5, 19). Mas lembra-nos ao mesmo tempo o maior mandamento da lei de Deus: *Amarás o Senhor teu Deus com todo o teu coração...* (Mt 22, 37). O coração humano recebeu o maior dom de todos: o de ser capaz de amar a Deus.

No coração se forjam os bons e os maus pensamentos, os bons e os maus sentimentos, que depois se traduzem, uns e outros, em atos. Por isso é necessário *vigiá-lo*, para que se incline sempre pelo bom e se afaste do mau e do vil. E a Escritura diz belissimamente: *Eu durmo, mas o meu coração vigia* (Ct 5, 2). Essa vigilância é sinônimo de mortificação.

Ter o coração vigilante significa, em primeiro lugar, dominar os movimentos primários da natureza: as paixões, a sensibilidade. Nas operações do homem, há uma hierarquia: sentidos, razão, espírito. E o adequado desenvolvimento da

141

personalidade exige que os sentidos se subordinem à razão e a razão, por sua vez, ao espírito. Ora, num coração desgovernado, dominam os sentidos.

Na sociedade atual, frequentemente a regra suprema do comportamento é ditada simplesmente pelo que se sente: «Eu gosto, isso me atrai, é assim que eu vejo...» Quando se diz, muitas vezes diante de assuntos terrivelmente sérios: «Eu acho», cai-se na arbitrariedade do puro sentir, que se fecha aos dados da razão e compromete a abertura desta para os dados do espírito. E por aí se abre a porta ao vendaval instável dos afetos desordenados, do capricho ou do interesse pessoal. Justificam-se todos os defeitos, ou, falseando a razão, consideram-se os defeitos como virtudes: «Não tenho nada que corrigir, eu me *viro bem* assim». Manejam-se levianamente palavras como identidade, autenticidade: «Tenho de ser autêntico», e já não existem verdades, o certo e o errado, valores objetivos, mas sensações e conveniências como única fonte do pensar e do agir. Erijo-me em lei de mim mesmo, e esse é o ápice do subjetivismo mais impenetrável e do egoísmo mais obtuso.

Como primeira medida para alcançar o equilíbrio do coração, é necessário criar o hábito de pensar e repensar as nossas disposições interiores e os nossos atos. «Pensar! Pensar porque pensar é bom», assim começava Jacques Leclercq o seu livro *Diálogo do homem e de Deus*. É necessário refletir para ver para onde nos inclinamos: não ir para a cama sem antes examinar o que se fez de certo e de errado.

Depois, é necessário ajustar à reta razão esses dados, no que têm de inconveniente. E saber retificar com valentia, prevenindo as ocasiões de uma *traição* do coração. Sem ir mais longe, se o relacionamento com uma colega ou um colega de trabalho exorbita do âmbito profissional para o afetivo, devo cortar em seco as menores manifestações desse desvio, que a longo ou médio prazo podem levar à quebra irreversível do compromisso de fidelidade conjugal. Quantas situações dessas se criaram porque a secretária era quinze anos mais nova que a esposa, e o homem se mostrava sensível à sua elegância e às suas gentilezas, ou porque o chefe da empresa era mais prestativo e amável que o marido em casa...Tudo porque se começou ingenuamente com algum tipo de expansão imprudente.

Mas, como já vimos atrás, ao falar da luta positiva, não se trata apenas de «abafar» os impulsos do coração, mas de lhe dar alimento bom, e esse alimento só se encontra em Deus, procurado não apenas com as palavras, mas com o coração. *Hipócritas!* — brada Cristo —. *É bem de vós que fala o profeta Isaías: «Este povo honra-me com os lábios, mas o seu coração está longe de mim»* (Mt 15, 7-8).

Deus quer ver-nos com todas as fibras do coração dirigidas para Ele. Não se trata de ter o coração frio, mas de não amar nada nem ninguém *mais* do que a Deus. Deve-se amar a esposa ou o esposo, os filhos, diríamos até amá-los mais do que os amamos atualmente, mas jamais *antepor* esse amor ao amor de Deus. Se, por uma infelicidade, a família não me acompanha à missa dominical, se não entende que eu me recolha uns minutos ao quarto para rezar, ou que num fim de semana por ano a prive da minha companhia para fazer um retiro que me ajudará a ser melhor marido ou mulher, melhor pai ou melhor mãe — se diante disso eu recuo, amo *menos* a Deus do que aos meus familiares.

Essa é a maneira de atingir o último degrau da escala: o do espírito que governa a razão, depois de esta governar os sentidos. Atinge-se então a liberdade que o sacrifício oferece ao homem. Sentidos externos e internos, pensamentos e juízos, memória e vontade, aspirações e sonhos do coração humano purificam-se no amor de Deus e nele se legitimam, se robustecem e unificam.

MORTIFICAÇÃO, LIBERDADE E ALEGRIA

Acabamos de ver: pela aceitação do sacrifício, atinge-se a *liberdade de espírito*. Quem goza verdadeiramente dessa liberdade? Será que é o homem encurralado, emparedado na vida dos sentidos, das paixões descontroladas, com a pobre alma «envolta em rolinhos de toucinho rançoso», na intemperança no comer e no beber, prostrado diante do bezerro de ouro que lá no fim leva a invejar as *bolotas* do filho pródigo, que se guia unicamente pela autoafirmação, pela fome de prevalecer? Ou aquele que se domina, que refreia os impulsos do *homo animalis*, que vai polindo o seu caráter, numa luta incessante que o converte de egoísta em generoso, de comodista em atento e serviçal, de sensual em delicado no corpo e na alma, de arrogante e presunçoso em humildemente afável, de impulsivo em prudente, de desorganizado e caótico em ponderado na ação?

Esse é o segredo da verdadeira liberdade *para a qual Cristo nos libertou* (cf. Gl 5, 1). Mas nós quereríamos ser cristãos sem ser Cristo. Entre livrar Barrabás ou Jesus, no tribunal de Pôncio Pilatos, preferimos soltar Barrabás:

> «O problema é que não nos agrada escolher Jesus. Esse é o problema. Se Ele queria que o preferíssemos a Barrabás, deveria ter tornado as coisas mais fáceis. É doloroso sacrificar gostos e vantagens. Ele deveria tê-lo previsto. Pensou nas regras do jogo como se fôssemos heróis ou mártires, mas não o somos. E, o que é pior, temos medo de sê-lo»[1].

(1) Juan Luis Lorda, *O sinal da Cruz*, Quadrante, São Paulo, 2003, p. 19.

Os que seguem Jesus sabendo ser «mártires sem morrer», pela aceitação das pequenas contrariedades da vida e das que o cumprimento do dever e a prática da virtude exigem, esses ganham a liberdade dos filhos de Deus e, com ela, a alegria. Porque o cristão é sempre feliz, e quem não é feliz *sempre*, não é cristão.

«Pode-se dizer que o elemento fundamental do cristianismo é a alegria. Não me refiro à alegria no sentido de um divertimento qualquer, que pode ter como pano de fundo o desespero; como sabemos, muitas vezes o divertimento é a máscara do desespero. Refiro-me à verdadeira alegria. É uma alegria que está presente numa existência difícil e torna possível que essa existência seja vivida. A história de Cristo começa, segundo o Evangelho, com o Anjo que diz a Maria: "Alegra-te!" Na noite do Natal, os anjos dizem outra vez: "Eis que vos anunciamos uma grande alegria". E Jesus diz: "Anuncio-vos a Boa Nova". Portanto, o núcleo de que aqui se trata é sempre: "Anuncio-vos uma grande alegria, Deus está presente, sois amados, e isso está estabelecido para sempre"»[2].

Estas palavras do papa Bento XVI quando ainda era cardeal levam-nos, a modo de conclusão de tudo o que vimos aqui, ao tema da relação entre a mortificação e a alegria.

Cristo não nos prometeu uma vida tranquila, sem dificuldades e sem sacrifícios, mas também mostrou-nos que mesmo aquilo que pode parecer a pior coisa do mundo pode ser caminho para uma vida de alegria. Agora a Cruz é levada gloriosamente durante as cerimônias litúrgicas, como se fosse o trono majestoso de um grande rei, mas historicamente foi o

---

(2) Pablo Blanco, *Joseph Ratzinger. Uma biografia*, Quadrante, São Paulo, 2005, p. 203.

suplício mais infamante a que podiam ser condenados os criminosos comuns.

Dor e sofrimento não significam tristeza. Não se trata de negar que se sofre, mas de saber que a cruz de cada dia, levada junto com Cristo, enche a alma de paz e de uma profunda alegria no meio das tribulações e dos pequenos sacrifícios.

Custa acreditar que se possa estar alegre no meio da dor. Mas não se trata de uma alegria «fisiológica», puramente natural, e sim da alegria, humanamente inexplicável, que procede de dissolver todas as mágoas na alegria sem sombras de Deus, de alegrar-se *nEle*, na alegria *dEle*, por mais que os sentidos sofram. É uma alegria nascida da contemplação de Deus, em quem não há mudança de humor conforme as circunstâncias. Não se manifesta necessariamente em gargalhadas ruidosas, em «dar pulos de satisfação»; mas sempre, com toda a certeza, no sorriso permanente, no semblante risonho e amável.

A vida dos santos está cheia dessa alegria superior, a única que não tem altos e baixos. É um júbilo que o mundo não conhece:

«Este é o grande paradoxo que acompanha a mortificação cristã. Aparentemente, o fato de os cristãos aceitarem e até procurarem o sofrimento, deveria torná-los, na prática, as criaturas mais tristes do mundo. A realidade é bem diferente. A mortificação só produz tristeza onde sobra egoísmo e faltam generosidade e amor de Deus. O sacrifício sempre traz consigo a alegria no meio da dor, a felicidade de cumprir a vontade de Deus, de amá-lo com esforço. Os bons cristãos vivem *quasi tristes, semper autem gaudentes* (1 Cor 8, 10), como se estivessem tristes, mas na realidade sempre alegres»[3].

---

(3) Rafael María de Balbín, *Sacrificio y alegría*, Rialp, Madri, 1975, p. 23.

São Josemaria Escrivá chegava a dizer que a «alegria tem as suas raízes em forma de Cruz»[4]. E que «sem mortificação, não há felicidade na terra»[5]. Poderíamos estender-nos aqui na fundamentação teológica desta relação entre alegria e Cruz, mas na realidade trata-se de experimentá-la vivencialmente na própria existência.

É importante frisá-lo ao educar as *crianças*. Quando se diz ao menino que ofereça aquelas colheradas de sopa, que não é o seu prato preferido, pelas crianças que sofrem porque não têm o que comer, isso deve ser feito de tal forma que não pareça um «castigo disfarçado de coisa boa», mas um valor positivo, um tesouro que o menino seria bobo se não soubesse aproveitar. E as crianças, que têm uma maravilhosa intuição para os

---

(4) Josemaria Escrivá, *Forja*, n. 28.

(5) Josemaria Escrivá, *Sulco*, Quadrante, São Paulo, 2016, n. 983.

valores, aprendem a eficácia do sacrifício oferecido voluntariamente, e percebem que a alegria não está apenas nos próprios gostos satisfeitos, mas em algo mais sério e profundo.

Também os *jovens*, com a sua natural inclinação para os grandes ideais e a generosidade, estão em condições de perceber sem maior dificuldade que a felicidade só se dá quando há sacrifício de permeio. Que uma vida mortificada, mas direcionada para ideais sérios, é uma vida que vale a pena e que, pelo contrário, uma vida que se esgota na busca de prazeres e sensações agradáveis acaba por enjoar e é o trajeto de tantos para a infelicidade e a droga.

A *todos* é preciso ensinar a *lógica do amor*, porque só dessa perspectiva se entende o sacrifício de forma positiva. Quem entende de amor entende que a linguagem do sacrifício está em íntima conexão com a alegria: entende-o a mãe que é feliz sacrificando-se pelos filhos pequenos; a esposa que não abandona o marido com mal de Alzheimer, apesar de já não a reconhecer, e tantos outros que realmente *amam*. O amor faz com que o sacrifício não seja sacrifício.

Tolkien — o autor de *O senhor dos anéis* —, quando tinha dezoito anos, começou a gostar de uma moça, chamada Edith, mas isso fez com que se distraísse da sua preparação para entrar em Oxford. A pessoa que cuidava da sua educação — pois os seus pais haviam falecido — disse-lhe que ele só devia voltar a pensar em namoro quando chegasse à maioridade. Tolkien seguiu o conselho e não tornou a falar com a moça. Mas, à meia-noite do dia em que fez vinte e um anos, escreveu-lhe uma carta. Edith respondeu-lhe que, como não tinha tido mais nenhuma notícia dele, estava comprometida com outro. Tolkien tomou o primeiro trem e foi falar com ela. Vendo a sua persistência, ela desmanchou com o outro, começaram a namorar, casaram-se e viveram juntos até o fim[6]. Quando há amor, espera-se, viaja-se, aceita-se a humilhação, e nada disso parece sacrificado ou triste, se o amor for correspondido. Com Deus é parecido; se há realmente amor por Ele, aceita-se alegremente qualquer sacrifício.

É o que se vê numa oração que São Thomas More escreveu depois de ter sido condenado à morte e menos de cinco dias antes da execução:

> «Dai-me, meu bom Senhor, uma fé plena, uma esperança firme, e uma ardente caridade; um amor por Vós, meu Senhor, incomparavelmente maior do que o amor por mim mesmo, e que não me prenda a nada que vos desagrade, mas que todos os meus amores se ordenem para Vós.
>
> «Dai-me, meu Senhor, um desejo de estar convosco, não para evitar

---

(6) Cf. Ives Gandra da Silva Martins Filho, *O mundo do senhor dos anéis*, Madras, São Paulo, 2002, p. 35.

as calamidades deste pobre mundo, nem para evitar as penas do purgatório, nem sequer as do inferno, ou para alcançar as alegrias do céu, ou em consideração ao meu próprio proveito, mas simplesmente, por autêntico amor a Vós»[7].

---

(7) Thomas More, *Un hombre solo. Cartas desde la torre*, Rialp, Madri, 1989, p. 125.

Direção geral
Renata Ferlin Sugai

Direção editorial
Hugo Langone

Produção editorial
Juliana Amato
Gabriela Haeitmann
Ronaldo Vasconcelos
Roberto Martins

Capa
Provazi Design

Diagramação
Sérgio Ramalho

ESTE LIVRO ACABOU DE SE IMPRIMIR
A 28 DE JANEIRO DE 2024,
EM PAPEL OFFSET 75 g/m².